Marco Tullio Cicerone

Sulle Leggi

Introduzione, traduzione e note
a cura di
Mirko Rizzotto

Saggio introduttivo di
Federico Reggio

Testo latino a fronte

pe
Primiceri Editore

INDICE

L'inattuale urgente.
Breve protrettico al De Legibus di Cicerone   I
di Federico Reggio

Introduzione   15
di Mirko Rizzotto

Libro Primo   19

Libro Secondo   91

Libro Terzo   177

Frammenti   227

Cronologia Ciceroniana   229

Bibliografia   231

L'inattuale urgente.

Breve protrettico al *De Legibus* di Cicerone

Perché tornare a leggere, o, ancor più, a studiare, il *De Legibus* di Cicerone, oggi, nel XXI secolo, in Italia, in Occidente?

Si tratta forse di un testo che, pur nella sua lontananza, si rivela ancora attuale?

Si può dire che sia attuale, oggi, parlare di un diritto positivo che non può entrare in contrasto con un diritto naturale, specchio di un ordine impresso nel cosmo, la cui normatività può essere colta attraverso un corretto esercizio di ragione?

Si può sostenere che sia attuale, oggi, invitare il giurista all'esercizio di una *recta ratio*, senza la quale lo *jus* si distacca dalla ricerca della *justitia*[1], deragliando in un utilitarismo scettico, in forza del quale il diritto si riduce a esercizio di potere mascherato in forme giuridiche ma in realtà destinato a farsi veicolo di una *in-iuria*[2]?

Legare lo *justum* all'*honestum*[3] è qualcosa di fortemente sentito anche oggi, nella teoria e nella prassi del diritto, e, accanto ad esse, nella diffusa percezione sociale?

---

[1] Cfr. *infra*, p. 54: "*quo modo s<un>t natura, sic iudicio homines 'humani, ut ait poeta, nihil a se alienum putarent', coleretur ius aeque ab omnibus. Quibus enim ratio <a> natura data est, isdem etiam recta ratio data est; ergo et lex, quae est recta ratio in iubendo et uetando; si lex, ius quoque; et omnibus ratio*".

[2] Cfr., *infra*, p. 218: "*Deinceps sunt cum populo actiones, in quibus primum et maximum, vis abesto'. Nihil est enim exitiosius civitatibus, nihil tam contrarium iuri ac legibus, nihil minus civile et inhumanius, quam composita et constituta re publica quicquam agi per vim*".

[3] Cfr., *infra*, p. 72: "*Sequitur (ut conclusa mihi iam haec sit omnis oratio), id quod ante oculos ex iis est quae dicta sunt, et ius et omne honestum sua sponte esse expetendum. Etenim omnes uiri boni ipsam aequitatem et ius ipsum amant, nec est uiri boni errare et diligere quod per se non sit diligendum: per se igitur ius est expetendum et colendum. Quod si ius, etiam iustitia; sin ea, reliquae quoque uirtutes per se colendae sunt*".

I

Può ritenersi attuale, oggi, iscrivere l'esercizio della giustizia (intesa come ambito applicativo della giuridicità) nella *ricerca della giustizia* come *virtù*, che anzitutto va coltivata come *civis*, e poi portata nella vita pubblica come specchio di un'attitudine etica, se non esistenziale[4]?

Si può dire che sia attuale, oggi, ritrovare un fondamento della giuridicità nei *mores*, a partire da quelli che designano una reciprocità di diritti e doveri fra le persone, come accade, ad esempio, nell'istituto del matrimonio e nei rapporti familiari[5]?

Trova riscontro, nel sentire, e ancor più, nella prassi diffusa odierna, l'idea che la *lex* non sia riducibile a un mero provvedimento puntuale,

---

[4] Ciò comporta, per Cicerone, una irriducibilità della giuridicità alle dimensioni del comando e dell'obbedienza, e, anzi, il mantenimento di una coscienza critica che può anche comportare l'opporsi alla legge ingiusta. Cfr., infra, p. 220: *"Sequitur illud 'intecessor rei malae salutaris civis esto'. Quis non studiose rei publicae subvenerit hac tam praeclara legis voce laudatus?"*

[5] Cicerone sposa l'idea di una antropologia orientata alla relazionalità e alla reciprocità intersoggettiva. Si veda, ad esempio, *infra*, p. 48: *"Nam cum ceteras animantes abiecisset ad pastum, solum hominem erexit et ad caeli quasi cognationis domiciliique pristini conspectum excitauit, tum speciem ita formauit oris, ut in ea penitus reconditos mores effingeret. Nam et oculi nimis argute quem ad modum animo affecti simus, loquuntur et is qui appellatur uultus, qui nullo in animante esse praeter hominem potest, indicat mores, quoius uim Graeci norunt, nomen omnino non habent. Omitto opportunitates habilitatesque reliqui corporis, moderationem uocis, orationis uim, quae conciliatrix est humanae maxime societatis"*. Il passo, a nostro avviso, esercita una influenza anche sul pensiero di Vico, che in epoca moderna si oppose fortemente alla teoria, così fortemente radicata nel giusnaturalismo dei suoi contemporanei, di una fondazione della società basata su un presupposto individualistico e utilitaristico. Per il filosofo e giurista Partenopeo, infatti, il diritto, radicato in una antropologia relazionale, è struttura di reciprocità: la *prima societas*, la *prima auctoritas*, è conseguentemente rappresentata dalla famiglia. Cfr., per una rilettura del pensiero vichiano in chiave filosofico-giuridica, G. Capograssi, *Dominio, libertà, tutela nel De Uno*, in "Rivista Internazionale di Filosofia del Diritto", 3/1925, III, p. 437-451; C. Cantone, *Il concetto filosofico di diritto in Giambattista Vico*, Società Editrice Siciliana, Mazara 1952; L. Bellofiore, *La dottrina del diritto naturale in G.B. Vico*, Giuffrè, Milano, 1954; D. Pasini, *Diritto, società e Stato in Vico*, Jovene, Napoli 1970; G. Ambrosetti, *Idea ed esperienza del diritto in Vico*, in E. Riverso (ed.), *Leggere Vico*, Spirali, Milano 1982; U. Galeazzi, *Ermeneutica e Storia in Vico. Morale, diritto e società nella 'Scienza Nuova'*, Japadre, Roma-L'Aquila 1993; G. Zanetti, *Vico eversivo*, Il Mulino, Bologna 2011; F. Reggio, *Il paradigma scartato. Saggio sulla filosofia del diritto di Giambattista Vico*, Primiceri, Padova 2018. Sull'influenza esercitata dal pensiero di Cicerone nei confronti della speculazione vichiana, cfr. A. Corsano, *Cicerone, il diritto e Vico*, in "Bollettino del Centro di Studi Vichiani", XVII, 1977, pp. 122-123.

motivato esclusivamente sulla base di *utilitates* contingenti (e magari pure particolari) e di un pragmatismo di corto raggio[6]?

Riveste attualità ricordare, con Cicerone, che una *scientia* che si discosti dalla *justitia*, più che scienza, deve ritenersi 'astuzia'[7]?

Temo vi siano fondati motivi, sia teorici che *praxeologici*, per sostenere che il *De Legibus* di Cicerone *non è di attualità*, oggi. Ben inteso: se per attualità intendiamo una sostanziale sintonia con quanto accade nel contesto contemporaneo e con quanto corrisponde al sentire diffuso.

Invero, la grande stagione del diritto naturale – inteso tanto come referente concettuale quanto come tema ampiamente dibattuto – sembra oggi relegata a un momento passato della modernità occidentale. Certo, si può ricordare, con le parole usate da Heinrich Rommen non lontano dalla conclusione delle tragiche vicende della Seconda Guerra Mondiale, che il diritto naturale è destinato a riemergere, come in un *eterno ritorno*: eppure, se davvero di fenomeno carsico si può parlare, questa sembra essere la fase in cui il richiamo al diritto naturale, anche solo come *topos* nell'argomentare giuridico, risulta ben sepolto sotto stratificazioni che lo nascondono alla vista dei più[8].

---

[6] Cfr., *infra*, p. 64: "*Est enim unum ius quo deuincta est hominum societas et quod lex constituit una, quae lex est recta ratio imperandi atque prohibendi. Quam qui ignorat, is est iniustus, siue est illa scripta uspiam siue nusquam. Quodsi iustitia est obtemperatio scriptis legibus institutisque populorum, et si, ut eidem dicunt, utilitate omnia metienda sunt, negleget leges easque perrumpet, si poterit, is qui sibi eam rem fructuosam putabit fore. Ita fit ut nulla sit omnino iustitia, si neque natura est <et> ea quae propter utilitatem constituitur utilitate<a>lia conuellitur*".

[7] Questa citazione non è tratta dal *De Legibus* bensì dal *De Officiis*, tuttavia nel *De Legibus* viene fortemente evidenziato il legame fra il diritto, la sua conoscenza, la *sapientia* e la *philosophia*: "*Sed profecto ita se res habet, ut quoniam uitiorum emendatricem legem esse oportet commendatricemque uirtutum, ab ea<dem> uiuendi doctrina ducatur. Ita fit ut mater omnium bonarum rerum <sit> sapientia, a quoius amore Graeco uerbo philosophia nomen inuenit, qua nihil a dis immortalibus uberius, nihil florentius, nihil praestabilius hominum uitae datum est*"(cfr. *infra*, p. 84).

[8] L'eterno ritorno del diritto naturale è anche il titolo di una fortunata opera di Heinrich Rommen: H. Rommen, *Die ewige Wiederkehr des Naturrechts*, Kösel (Hegner-Bücherei) 1947. Risulta difficile rendere giustizia a un dibattito tanto vasto quanto variegato, tuttavia appare opportuno sottolineare che non mancano rilevanti voci che hanno ritrovato nel diritto naturale un importante e ancor attuale riferimento argomentativo, spesso associato al dibattito sui diritti umani, soprattutto – ma non esclusivamente – all'interno di una sintonia con una prospettiva

Anzi, in un'epoca di post- o di trans-umanesimo, l'idea di una normatività iscritta nella natura appare alquanto lontana dalla sensibilità dell'umanità contemporanea, propensa piuttosto a vedere la natura come oggetto, o addirittura come progetto, e tutt'altro che latrice di una *ratio* intrinseca di cui l'essere umano sia anzitutto custode[9]. Già a

---

cristiana (Cfr. J. Maritain, *I diritti dell'uomo e la legge naturale* (1942), Vita e Pensiero; Milano 1977; J. Messner, *Das Naturrecht. Handbuch der Gesellschaftsethik, Staatethik und Wirtschaftsethik*, Duncker & Humblot, Berlin 1950; A. Passerin D'Entrèves, *La dottrina del diritto naturale* (1951), Ed. Comunità, Milano 1980; L. Strauss, *Diritto naturale e storia* (1953), Marietti, Genova 2009; M. Villey, *Le droit et les droits de l'homme*, PUF, Paris 1983; G. Ambrosetti, *Diritto naturale cristiano*, Studium, Roma 1985). Non a caso un rilevante filone di studi e dibattito sul diritto naturale è rinvenibile nel contesto della teologia, in particolare teologia morale, per cui rinvio, per una prima disamina, con una rassegna del dibattito internazionale, ad A. Vendemiati, *Le ragioni della natura*, in "Oikonomia, Rivista di Etica e Scienze Sociali", 3/2009, pp. 21-33. Non va dimenticato – anche per il suo impatto rispetto al *mainstream* della cultura occidentale – quanto emerso anche nel magistero di Benedetto XVI (cfr., ad es., M. Cartabia – A. Simoncini, *La legge di Re Salomone. Ragione e Diritto nei discorsi di Benedetto XVI*, BUR, Rizzoli 2013). Fra i sostenitori contemporanei di una prospettiva giusnaturalistica, Francesco D'Agostino (cfr. Id., *Filosofia del Diritto*, Giappichelli, Torino 2000) ha rilevato, tuttavia, che, dopo una stagione di reviviscenza del diritto naturale, avvenuta nel Secondo Dopoguerra in calce al tema degli *human rights*, il "dibattito sui diritti umani non è mai venuto meno nei decenni successivi, anzi si è andato allargando e articolando progressivamente"; per converso, quella che "invece è andata affievolendosi è stata la riflessione filosofica sul giusnaturalismo". Secondo l'Autore, "Le ragioni sono molteplici. Da una parte il diffondersi - tipico dei decenni seguenti all'ultima guerra mondiale - di antropologie deboli o addirittura dello stesso disgregarsi dell'antropologia. Dall'altra la pigrizia di molti giuristi, per i quali tale riflessione si presentava di fatto come superflua, a causa della progressiva costituzionalizzazione, e quindi positivizzazione, dei diritti umani. Né va sottovalutata la portata del processo di globalizzazione, che piuttosto che far fiorire nuove sensibilità in merito al carattere universale della dignità dell'uomo, ha spesso accentuato rivendicazionismi etnici e le conseguenti pretese all'incomunicabilità delle diverse culture"(F. D'Agostino, *Sulla legge naturale. Il paradosso dei diritti umani*, in "L'Osservatore Romano" del 4/11/2007). Sulla rilevanza del tema giusnaturalistico nel contesto contemporaneo si vedano, altresì: C. I. Massinni-Correas, *La ley natural y su interpretación contemporánea*, EUNSAF, Pamplona 2006; F. Gentile, *Una nuova via al diritto naturale*, in D.Castellano (a cura di), *Diritto, diritto naturale ordinamento giuridico*, Cedam, Padova 2002, 173-199; F. Todescan, *Il "caso serio" del diritto naturale. Il problema del fondamento ultimo del diritto nel pensiero giuridico del sec. XX*, Cedam, Padova 2011. Non va trascurato, infine, in ambito anglosassone, il contributo di filosofi come John Finnis (Id., *Natural Law and Natural Rights*, Clarendon Press, Oxford1980) e Robert P. George (Id., *In defense of Natural Law*, Clarendon Press, Oxford 1999). Ciò che tuttavia sembra accomunare le prospettive più recenti è la consapevolezza della 'residualità' del riferimento al diritto naturale nel contesto culturale contemporaneo in Occidente (e con essa, non di rado, dell'esigenza di non dare per scontata la obsolescenza di questo concetto, pur nella sua complessità).

[9] Si vedano, sul punto, per una prima disamina, R. Campa, *Mutare o perire. La sfida del transumanesimo*, Il Sestante, Bergamo 2010; G. Vatinno, *Il Transumanesimo. Una nuova filosofia per l'Uomo del XXI secolo*, Armando Editore, Roma 2010. Cfr., per una prospettiva critica, F. Fukuyama, *L'uomo oltre l'uomo. Le conseguenze della rivoluzione biotecnologica,*

partire dalla modernità, e quindi da almeno cinque secoli, la mentalità dominante in Occidente ha concepito l'uomo come *homo faber*[10], e la natura come fascio di fenomeni, terreno di un'attività di manipolazione e modificazione da parte dell'essere umano, in vista di un disegno di utilità, ieri più sistematico e progettuale oggi più istantaneo e frammentario, ma pur sempre destinato a disconoscere una cogenza intrinseca nell'ordine delle cose, ed anzi, a confondere l'ordine con l'ordinato, l'*ordo* con lo *jussum*[11].

Come è stato rilevato, nel contesto della post-modernità, *stat pro ratione voluntas*, e la fonte ultima della giuridicità è la volontà. Una volontà particolare, puntuale e contingente, come emerge con evidenza – ahimè soprattutto in Italia – pensando a legislazioni farraginose, spesso qualitativamente scarse e mal raccordate con altre fonti e all'interno del loro stesso assetto testuale. La logica emergenziale e di

---

Mondadori, Milano 2002; J Habermas, *Il futuro della natura umana. I rischi di una genetica liberale*, Einaudi, Torino 2002; V. Possenti, *La rivoluzione biopolitica. La fatale alleanza fra materialismo e tecnica*, Lindau, Torino 2013; A. Allegra, *Visioni transumane. Tecnica, salvezza, ideologia*, Orthotes, Napoli-Salerno 2017. In realtà, già nel Novecento sono emerse riflessioni segnate da profonda inquietudine verso sviluppi (tanto filosofici quanto pratici) di un'attitudine alla natura, umana soprattutto, che non trova in essa alcuna strutturalità o normatività, configurandola piuttosto come un oggetto di dominio e progettuale modifica. Cfr., ad esempio, C. S. Lewis, *L'abolizione dell'uomo*, (1943), trad. it., Jaca Book, Milano, 1979; G. Anders, *L'uomo è antiquato. Considerazioni sull'anima nell'epoca della seconda rivoluzione industriale*, (1956), trad. it., Bollati Boringhieri, Torino, 2006; J. Ellul, *La tecnica, rischio del secolo*, (1954), trad. it., Giuffrè, Milano, 1969

[10] Non si può prescindere, a questo riguardo, dal riferimento a H. Arendt, Vita activa. *La condizione umana*, Bompiani, Milano 2000, pp. 183-242. Arendt a sua volta richiama una vasta produzione di opere filosofiche e letterarie con cui il primo Novecento ha affrontato la presa di coscienza critica sulla figura dell'uomo moderno. Tra molte vi sono due esempi particolarmente significativi, a mio avviso: H Bergson, *L'Évolution créatrice (1907)*, tr. Umberto Segre, Athena, Milano 1925; A. Tilgher, Homo faber. *Storia del concetto di lavoro nella civiltà occidentale. Analisi filosofica di concetti affini*, Libreria di Scienze e Lettere, Roma 1929. La mia lettura, sul punto, attinge al magistero di Francesca Zanuso, per cui cfr., ad esempio, F. Zanuso (a cura di), *Il filo delle Parche. Opinioni comuni e valori condivisi nel dibattito biogiuridico*, FrancoAngeli, Milano 2009; Id. (a cura di), *Diritto e desiderio. Riflessioni biogiuridiche*, FrancoAngeli, Milano 2015.

[11] Sulla (etero)genesi del pensiero gerarchico a partire dal pensiero dell'ordine, nel contesto del pensiero filosofico occidentale, con ricadute evidenti anche sulla cultura giuridica, rinvio all'analisi proposta in M. Manzin, Ordo Juris. *La nascita del pensiero sistematico*, FrancoAngeli, Milano 2008. Sulla critica dello *jus quia iussum*, retaggio del positivismo giuridico (in particolare di Kelsen e di Jellineck), non va trascurata, nel dibattito giuridico novecentesco, l'opera di Gustav Radbruch, per cui si veda, in breve, G. Radbruch, *Gesetzliches Unrecht und übergesetzliches Recht*, in "Süddeutsche Juristenzeitung" 1 (1946) Nr. 5, S. pp. 105 – 108.

corto raggio, il particolarismo politico, il pragmatismo contingentistico e utilitaristico – spesso privi di lungimiranza al punto da attuare pericolose eterogenesi dei fini – sono la trama sottostante di un contrappunto in cui la *lex* stessa è andata in crisi, concettualmente e politicamente. La *lex* sembra quasi confinata in uno interstizio residuale, facendo spazio al provvedimento puntuale, dell'esecutivo (siamo in un momento storico in cui sono vive nella memoria le rimembranze di mesi scanditi dall'attesa e poi dall'analisi e dall'interpretazione controversa di una serie alquanto lunga di Dpcm) o, ancor più, della giurisdizione[12].

In un contesto in cui, anche nei paesi di tradizione continentale, si assiste ad una svolta giudiziaria del formante giuridico[13] – cui fa da contraltare un sempre più forte ricorso a forme alternative al processo mediante le quali si cerca di ridare spazio alla regolamentazione fra privati[14] – non è forse sulla volontà che poggia, in fondo, la cogenza del diritto? Volontà di chi pone la norma, volontà di chi scrive la sentenza, volontà delle parti che si accordano (o che sciolgono il loro accordo – si pensi all'istituto del matrimonio e alla sua attuale crisi).

Che senso ha dunque, oggi, appellarsi ad una *recta ratio*, ad una *justitia* che è anzitutto virtù, ad una *honestas* che si costruisce nella vita privata

---

[12] Le mie riflessioni sono influenzate, sul punto, dall'analisi proposta in F. Cavalla, *All'origine del diritto al tramonto della legge*, Jovene, Napoli 2011.

[13] Vittorio Villa ha rilevato, ad esempio, come il giudice sia divenuto, nel contesto contemporaneo una fonte del diritto, fatto teoricamente rimarchevole negli ordinamenti non di *common law*. Cfr., sul punto, V. Villa, *Una teoria pragmaticamente orientata dell'interpretazione giuridica*, Giappichelli, Torino 2021. Cfr., altresì, P. Moro – C. Sarra (a cura di), *Positività e giurisprudenza. Teoria e prassi nella formazione giudiziale del diritto*, FrancoAngeli, Milano 2021.

[14] Si pensi al fenomeno ADR, e, al suo interno, agli strumenti consensuali di soluzione della controversia, fra cui spicca, *in primis*, la mediazione. Cfr., per una prima rassegna, P. Gianniti, R. Piccione, *La mediazione professionale nel sistema degli A.D.R.*, Utet, Torino 2012; P. Gianniti (a cura di), *Processo civile e soluzioni concordate delle liti in ambito civile. Verso un sistema integrato*, Aracne, Rimini 2016; C. Giovannucci Orlandi, E. Del Prato, *Fuori dal processo. Studi sulle risoluzioni negoziali delle controversie*, Giappichelli, Torino 2016. Cfr, altresì, per considerazioni di carattere prospettico sulla mediazione come strumento di risoluzione dei conflitti, G. Cosi, *Invece di giudicare. Scritti sulla mediazione*, Giuffrè, Milano 2007; M. Martello, *Oltre il conflitto. Dalla mediazione alla relazione costruttiva*, McGraw-Hill, Milano 2003; J. Morineau, *Lo spirito della mediazione*, FrancoAngeli, Milano 2003; R.A. Baruch Bush – J. P. Folger, *La promessa della mediazione. L'approccio trasformativo alla gestione dei conflitti*, Vallecchi, Firenze 2009.

e pubblica, se in fondo, già dai tempi di Thomas Hobbes, molta parte della cultura occidentale fonda il diritto sulla *auctoritas* e non sulla *veritas*[15]; se già, con la stagione del positivismo giuridico[16], tanta parte della dottrina ha aderito a un modello di non cognitivismo etico, relegando i contenuti della norma a un ambito avulso da una *scientia juris* che ambisca ad essere, effettivamente, *scientia*[17]?

Se compito del giurista – sia esso teorico, pratico, o ancor più coinvolto nella formazione e interpretazione delle *leges* – è quello di ridursi a vestale di un diritto-provvedimento, slegato da un esame critico (ossia anche filosofico ed etico) dei contenuti del diritto stesso, beh – lo diciamo in Inglese, lingua franca della contemporanea facilità a liberarsi delle lezioni dell'antichità – *then forget Cicero! Si dimentichi Cicerone!*

Se invece, accanto a queste considerazioni, prendiamo in esame un diffuso e difficilmente delineabile malessere che a vari gradi pervade la teoria e la prassi del diritto oggi, forse invece le riflessioni dell'inattuale Cicerone si rivelano nella loro urgente capacità di interpellare il presente, offrendo percorsi di senso alternativi[18]. Non già per cadere

---

[15] T. Hobbes, *Il Leviatano*, II, 26. Si veda inoltre, sul punto, l'oramai classico U. Scarpelli, Auctoritas non veritas facit legem, in "Rivista di Filosofia", LXXV (1984), pp. 29-43.

[16] Cfr., quasi a 'manifesto' del 'superamento' che il positivismo giuridico intese rappresentare rispetto al giusnaturalismo, H. Kelsen, *I fondamenti filosofici del diritto naturale e del positivismo giuridico*, Rolf Heise, Charlottenburg 1928.

[17] Come è stato osservato, "il colpo di grazia al giusnaturalismo ormai semimorto" viene dalla considerazione che la sua meta-etica comporta il passaggio da alcune asserzioni intorno all'uomo, alla società e alla loro natura, all'affermazione di norme etiche o giuridiche: "Un simile modo di procedere va contro il principio linguistico e logico detto *legge di Hume* che può ricevere la seguente sintetica enunciazione. Fra le proposizioni descrittive di caratteri, stati, vicende, rapporti di cose (che possono esser vere o false) e le proposizioni normative, in via diretta attraverso la prescrizione di comportamenti o in via indiretta attraverso l'attribuzione di valori (che non sono né vere né false) c'è un salto logico: come da premesse normative non è consentito dedurre conclusioni descrittive, così da premesse descrittive non è consentito dedurre conclusioni normative"(U. Scarpelli – C. Luzzati, "Filosofia del diritto", in P. Rossi (a cura di), *La filosofia*, vol. 1, *Le filosofie speciali*, UTET, Torino 1995, 221-312, p. 239. La consapevolezza dei limiti del giuspositivismo moderno è parimenti stata enucleata anche all'interno di prospettive aderenti a tale modello, per cui si veda, ad es., M. Jori, *Il giuspositivismo analitico italiano prima e dopo la crisi*, Giuffrè, Milano 1987; A. Schiavello, *Il Positivismo giuridico dopo Herbert L.A. Hart. Una introduzione critica*, Giappichelli, Torino 2004.

[18] Sulla ricerca di percorsi alternativi ai tradizionali paradigmi giuridici, a partire da un diffuso malessere, emblematici sono, in ambito penale, il dibattito sulla giustizia riparativa e, in ambito civile (ma non solo), il dibattito sull'ADR. Mi permetto, per una prima introduzione –

nell'ingenuità di una *laudatio temporis acti*, bensì per interrogarsi sulle direzioni che il mondo del diritto (anche nella sua connessione con la politica) sembra aver preso: direzioni che non di rado rimandano a una perdita di controllo su ciò che effettivamente incide sul processo formativo di una legge e dei suoi contenuti, ad una percezione della eteronomia come alienazione dalla vita reale dei destinatari della norma[19], a una divaricazione profonda fra il dibattersi concreto delle relazioni sociali – anche nella loro conflittualità – e gli strumenti effettivamente offerti dal diritto per gestire il conflitto e convertire la sua *vis* in una *dynamis* capace non solo di *de-cidere* come un taglio che attribuisce torti e ragioni, bensì anche come una *ratio* che abilita il confronto[20], il dialogo, la composizione, la *con-cordia*[21].

Non v'è forse bisogno di *virtus* nella vita pubblica, politica e giuridica[22]? E' forse così paternalistico e passatista sperare in un *honestum* che faccia del giurista non tanto il 'tecnico' ma il 'professionista' del diritto?

---

considerata la vastità della letteratura esistente – di rinviare a due miei contributi: F. Reggio, *La nave di Milinda. La Restorative Justice fra conquiste e sfide ancora aperte*, in C. Sarra – F. Reggio, *Diritto, metodologia giuridica e composizione del conflitto*, Primiceri, Padova 2020, pp. 11-100; F. Reggio, *Concordare la norma. Gli strumenti consensuali di soluzione della controversia in ambito civile: una prospettiva filosofico-metodologica*, Cleup, Padova 2017.

[19] Significative, a questo riguardo, le riflessioni proposte in B. Montanari (a cura di), *La possibilità impazzita. Esodo dalla modernità*, Torino, Giappichelli 2013.

[20] In questo senso, non va dimenticata l'importanza che in Cicerone riveste il mondo dell'argomentazione, a rammentare che il suo riferimento alla naturalità del diritto non rinvia ad un'idea statica e 'codicizzata' di diritto, bensì a un diritto che è conscio del suo ruolo legato al dirimere la controversia abilitando la manifestazione delle opposizioni e il loro confronto argomentato.

[21] Rilevante, a questo riguardo, l'influenza delle riflessioni maturate all'interno della prospettiva della Conflict Transformation, per cui rinvio, ad esempio, a: J. P. Lederach, *The Little book of Conflict Transformation*, Good Books, Intercourse (PA) 2003 e, Id., *The moral Imagination. The Art and Soul of building Peace*, Oxford University Press, Oxford 2005; M. Cannito, *La trasformazione nonviolenta dei conflitti. Un percorso formativo*, Claudiana, Roma 2017.

[22] La rivalutazione delle *virtue ethics*, peraltro, non è tema di poco momento, se si pensa, ad esempio, alla proposta concettuale di Alasdair MacIntyre, in A. MacIntyre, *After Virtue*, University of Notre Dame Press, New York 1981, e alla rilettura proposta da Charles Taylor, in C. Taylor, Justice After Virtue, in J. Horton – S. Mendus (eds.), *After MacIntyre, Critical Perspectives on the Work of Alasdair MacIntyre*, University of Notre Dame Press, New York 1994, pp. 14-43.

Ebbene: se si condivide il malessere di cui sopra, e non si ritiene che il presente sia in grado di fornire una soluzione tecnica (o tecno-burocratica) allo stesso, occorre riattivare la capacità di pensare e di riflettere oltre a schemi, invarianze e sensi già solcati all'interno di un comune sentire. Qui, proprio qui, il dialogo con il passato e con il classico – nella sua capacità di pensare, forse a volte ingenuamente, l'universale – aiuta ad aprire la mente e a considerare possibili alternative non viste, o dimenticate. Qui, proprio qui, il dialogo con il classico – e un classico come Cicerone – fa ritrovare al giurista qualcosa che travalica la prassi burocratica, la gestione tecnica di procedure e sistemi gestionali, e gli ricorda l'importanza di un pensiero filosofico, indispensabile perché l'uomo di legge non si limiti a essere 'uomo *della* legge' bensì ritrovi anche il suo ruolo indispensabile nell'argomentare il diritto, nel raccordarlo con la complessità della vita reale, nell'accettare la sfida di una giusta misura fra le rigidità della norma e le esigenze dettate dall'equità, dalla prudenza, dal buonsenso, e, con esse, le esigenze della relazione umana[23].

Se dunque Cicerone e il suo *De Legibus* non sono attuali, essi sono comunque *urgenti*, perché toccano – con una prospettiva di pensiero significativamente diversa e lontana dal presente – temi su cui l'attualità non sembra offrire risposte adeguate, né tantomeno prospettive rosee e meritevoli di ottimismo.

Forse – anzi, molto probabilmente – Cicerone, nel suo tentativo di portare all'interno del diritto una indagine filosofica, facendo incontrare Atene e Roma, non offrirà risposte al giurista contemporaneo[24]. Tuttavia, se già lo aiuterà a impostare il problema in modo diverso,

---

[23] Una interessante rilettura in chiave classica del giurista – in particolare nella sua funzione legata alla composizione del conflitto – come persona dotata di *phronesis* (saggezza), *aretè* (virtù) e *eunoia* (benevolenza) è stata proposta in J.W. Cooley, *Classical Approach to Mediation - Part I: Classical Rhetoric and the Art of the Persuasion in Mediation*, in "University of Dayton Law Review", 19:1 (1993), 83-131, pp. 97-100. Non va infine dimenticato il ruolo del buonsenso nell'etica e nella prassi del diritto, come recentemente proposto in S. Primiceri, *Etica e giustizia del buonsenso*, Primiceri, Padova 2021.

[24] Cfr., sul punto, L. Perelli, *Il pensiero politico di Cicerone. Tra filosofia greca e ideologia aristocratica romana*, Firenze 1990, pp. 114, 125; F. Fontanella, *Introduzione al De legibus di Cicerone*, in "Athenaeum" 85, 1997, p. 489.

considerando un'alternativa che giace riposta nelle radici della civiltà e giuridicità in Occidente, certamente questa rilettura sarà di aiuto a condurlo su una via che non veda necessariamente slegati *jus* e *justitia*[25], e non assorba nessuno dei due termini nel prodotto di uno *iussum*[26].

Se poi, oltre a ciò, la lettura del *De Legibus* da parte di un contemporaneo genererà in costui anche un po' di inquietudine rispetto ai tempi che stiamo vivendo, ben venga: in fondo, per far nostre le parole di Julien Green, "solo finché si è inquieti si può stare tranquilli"[27]. Anzi, forse proprio nell'eccessiva tranquillità di tanti giuristi contemporanei rispetto alle sorti del diritto oggi, in Italia, in Occidente, può trovarsi la fonte di tanto (spesso ignorato) malessere.

Federico Reggio*

---

[25] La reazione all'esito nichilistico dell'identificazione dello *jus* con lo *iussum* è fortemente argomentata, nel contesto della filosofia del diritto contemporanea di matrice giusnaturalistica, in F. D'Agostino, Jus quia justum. *Lezioni di filosofia del diritto e della religione*, Giappichelli, Torino 2012.

[26] Come osserva Mario Ricca, "Otherwise the highest certainty of law would transmute in the deepest uncertainty masked by authority and passed off as truth—even if as exclusively legal truth. To quote Vico (Ius universis: LXXXIII): 'Unde conficias certum ab auctoritate esse, ut verum a ratione, et auctoritatem cum ratione omnino pugnare posse; nam ita non leges essent, sed monstra legum' ('the certum, the certain, is from authority, as verum, the true, is from reason, and that authority cannot completely oppose reason because otherwise there would be no laws, but monsters of law:' [103: 62] (English translation by Pinto and Diehl)"(M Ricca, *Perpetually Astride Eden's Boundaries: The Limits to the 'Limits of Law' and the Semiotic Inconsistency of 'Legal Enclosures'*, in "International Journal of Semiotics and Law" 1/2020, p. 47). Sulla prospettiva filosofico-giuridica di Vico, e sull'esigenza di non porre in contrasto *auctoritas* e *ratio*, rinvio a F. Reggio, *Il paradigma scartato. Saggio sulla filosofia del diritto di Giambattista Vico*, Primiceri, Padova 2018.

[27] L'espressione è riferita dal card. Gianfranco Ravasi, e nasce da un suo colloquio con Julien Green stesso, il quale avrebbe citato questa frase leggendola dal suo diario.

* *Università di Padova, Dipartimento di Diritto Privato e Critica del Diritto.*

X

Introduzione

La prima e vera Legge, efficace nel comandare e nel proibire, è la retta ragione del sommo Giove (...) Dal che è facilmente comprensibile che, coloro i quali prescrissero ai loro popoli regolamenti dannosi ed ingiusti, e avendo fatto l'opposto di quanto avevano promesso e dichiarato, promulgarono qualunque cosa, ma non delle vere leggi; quindi, è chiaro che nella stessa interpretazione del nome di legge è insita la sostanza ed il criterio della scelta del giusto e del vero. (...) Ed uno Stato che sia privo di legge non è forse proprio per questo motivo da considerarsi come inesistente? (...) E che dire del fatto che vengono sancite molte disposizioni dannose nei confronti dei popoli, molte persino esiziali, ma, ciò nonostante, queste non portano il nome di legge, peggio che se dei furfanti le avessero stabilite nelle loro bande? Infatti non si possono chiamare realmente prescrizioni dei medici nel caso che essi, per ignoranza ed imperizia, abbiano prescritto sostanze letali in luogo di salutari, e nemmeno una legge relativa a un popolo, qualunque essa sia, può essere detta legge, posto che il popolo ne abbia ricevuto qualche danno.

Cicerone, *Sulle Leggi*, II, 10-13

Gli Antichi ci parlano, e lo fanno in modo limpido e chiaro attraverso i loro scritti, le loro testimonianze e le loro gesta, e mai come in questo fosco momento storico abbiamo la necessità e direi quasi l'urgenza di sederci un momento ad ascoltare e riflettere sulle loro parole, nella speranza di carpire in esse qualche scintilla di intuizione in grado di darci la consapevolezza necessaria a reagire e ad andare avanti, nel miglior modo possibile.

La pressante indicazione educativa e formativa che oggi va per la maggiore, purtroppo, pretende un drastico ridimensionamento dell'educazione di stampo classico (come se la Classicità non fosse il fondamento stesso della scienza, del diritto, dell'architettura e del pensiero analitico!) a favore di apprendimenti pratici, tecnici e immediatamente spendibili. Le università statunitensi – persino le storiche Howard e Princeton – ridimensionano o chiudono i dipartimenti di studi classici, a favore di altri corsi di dubbia utilità, proiettando sul mondo antico le radici di comportamenti aberranti propri invece della nostra epoca: si rinnegano le proprie radici, si fa un vero e proprio deserto culturale, insomma: è la desolante e triste epoca della *calcel culture*. Eppure da sempre, per sua natura, l'essere umano sente pressante in sé il bisogno insopprimibile di ritornare periodicamente alle proprie radici, per cercare un senso di ciò che gli accade intorno, per trovare una ragione d'essere, un filo conduttore che niente e nessun altro può indicargli, se non la lunga e (per fortuna) non silente schiera dei propri avi.

Anche il mondo della legalità entra oggigiorno in crisi. Il fondamento giuridico ed etico stesso su cui si basa il nostro vivere sociale, ovvero il dettato costituzionale di stampo repubblicano e democratico, viene declassato come fonte, ignorato, quando non scavalcato senza troppi problemi, in base alle contingenti esigenze del pensiero unico, che non ammette disallineamenti o contestazioni.

Ma Cicerone era di tutt'altro avviso: il cemento di una comunità è costituito da quell'insieme di leggi conosciuto come Costituzione, universalmente valida se basata sul diritto naturale, su una filosofia che ha indagato la natura dell'uomo e si è proposta di regolamentarne le esigenze primarie, facendo sì che la Inbertà prevalga su qualunque contingenza o situazione emergenziale passeggera: la modernità del pensiero dell'Arpinate, anche in questo caso, è sbalorditiva.

Marco Tullio Cicerone è l'Antico che più si sentì vicino a questa problematica, e ciò lo rende vivo più che mai. Nel 52 a.C. egli scrisse infatti un dialogo, modellato su quelli platonici, intitolato *De Legibus* (*Sulle Leggi*). Dei cinque libri di cui era composta quest'opera – informazione dataci da Macrobio – ne sono giunti sino a noi solamente i primi tre.

Protagonisti di questo dialogo sono lo stesso Cicerone, suo fratello Quinto e l'inseparabile e fedele amico Tito Pomponio Attico. La cornice del dialogo è ambientata nella villa di Cicerone, ad Arpino. Gli argomenti dei tre libri superstiti sono così ripartiti: nel I libro, partendo dalle teorie stoiche di Panezio di Rodi e di Posidonio di Apamea, si tratta della giustizia e delle leggi: la giustizia è eterna, preesistente alla società umana, mentre le leggi emanate da governi dei mortali sono transitorie, e spesso non solo imperfette ma addirittura contrarie ai dettami stessi della Natura. Per tale motivo le leggi non sono adeguate e si devono correggere facendo tesoro dei propri errori, avvicinandosi così il più possibile al principio universale della giustizia, innato nell'uomo; nel II libro viene trattata una sommaria storia delle leggi religiose, riprendendo il contenuto di uno dei più antichi monumenti giuridici romani, ovvero le leggi delle XII Tavole; nel III libro Cicerone si sofferma infine sulle prerogative delle varie magistrature, tracciando di esse un quadro storico sommario.

L'interesse dell'opera risiede per noi (al di là del notevole ed indubbio valore antiquario ed esemplificativo dei libri II e III) soprattutto nel I libro. Cicerone aderisce alla dottrina stoica secondo cui le leggi organizzate in un insieme ideale chiamato Costituzione, non sono solamente il frutto di semplici convenzioni umane, ma hanno il loro fondamento universale nel Diritto di Natura, basato sulla ragione innata di tutti gli esseri umani. Non può esistere nessuna situazione emergenziale, per quanto seria, che travalichi la Costituzione[28], pena il rischio di cadere nella tirannide, la negazione stessa della legalità e dell'intrinseco valore della *societas*. La libertà, insomma, è garantita dalla Costituzione, che si basa a sua volta sulla Natura, filo diretto dell'uomo con il nostro pianeta e con il suo pulsare vivificante.

Cicerone scriveva sull'onda lunga degli eventi del 53-52 a.C., che vedevano i disordini ed i tumulti causati dalle bande armate di Clodio (popolare) e Milone (ottimate) insanguinare le vie di Roma e il desiderio di molti di volere Pompeo Magno quale dittatore, l'unica persona adatta a riportare l'ordine dello Stato (sarà poi infatti nominato console unico, un assurdo costituzionale mai verificatosi in precedenza).

Cicerone ammira Pompeo, ma ancor di più tiene al rispetto della Costituzione, l'insieme delle leggi che tiene di fatto insieme il vincolo umano. E il suo monito giunge fino a noi attraverso l'oceano del tempo, un grido vivo ed assordante più che mai, nonostante il vuoto chiacchiericcio di chi vorrebbe soffocarlo: non si tratta solo di far rispettare la gerarchia cattedratica delle fonti del diritto, né di

---

[28] Per Costituzione, riferito all'epoca ciceroniana, intendiamo una summa ideale di *mores* e *leges*, non sovrapponibile naturalmente al moderno concetto di carta costituzionale.

garantire privilegi benevolmente accordati, ma di salvaguardare quel filo diretto con la Natura stessa, perché badiamo bene, ci ammonisce Cicerone – una volta reciso, esso non si potrà mai più riannodare, facendoci regredire nelle Tenebre.

È vero, pare di udirlo dire, che ciò costa sforzo, impegno e fatica e non è scevro da pericoli, ma non bisogna mai dimenticare che è più semplice lasciarsi inghiottire dalle Tenebre che disperderle con la nostra luce interiore.*

* Per il testo latino si è fatto riferimento a quello curato da P.M. Rossi (1898) e per la traduzione si è fatto riferimento, in modo indipendente, a quelle di V. Todisco e di A. Resta Barrile (1972).

Libro Primo

ATTICVS:[1] Lucus quidem ille et haec Arpinatium quercus agnoscitur, saepe a me lectus in Mario: si enim manet illa quercus, haec est profecto; etenim est sane uetus.

QVINTVS: Manet uero, Attice noster, et semper manebit: sata est enim ingenio. Nullius autem agricolae cultu stirps tam diuturna quam poetae uersu seminari potest.

ATTICVS: Quo tandem modo, Quinte? Aut quale est istuc quod poetae serunt? Mihi enim uideris fratrem laudando suffragari tibi.

[2] QVINTVS: Sit ita sane; uerum tamen dum Latinae loquentur litterae, quercus huic loco non deerit quae Mariana dicatur, eaque, ut ait Scaeuola de fratris mei Mario, canescet saeclis innumerabilibus, nisi forte Athenae tuae sempiternam in arce oleam tenere potuerunt, aut quam Homericus Vlixes Deli se proceram et teneram palmam uidisse dixit, hodie monstrant eandem, multaque alia multis locis diutius commemoratione manent quam natura stare potuerunt. Quare glandifera illa quercus, ex qua olim euolauit nuntia fulua Iouis miranda uisa figura, nunc sit haec. Sed cum eam tempestas uetustasue consumpserit, tamen erit his in locis quercus quam Marianam quercum uoca<bu>nt.

I. [1] ATTICO: - Riconosco il bosco e questa quercia ben nota agli Arpinati, di cui sovente ho letto nel *Mario*[29]. Se tale quercia è ancora in piedi, non può essere che questa; difatti è molto antica.

QUINTO: - Essa rimane ancora in piedi, mio caro Attico, e lo rimarrà per sempre, poiché è stata piantata dal genio. Infatti da nessuna cura di agricoltore può essere seminata una pianta tanto duratura quanto dal verso del poeta.

ATTICO: - Ma sino a quando può durare, o Quinto? O di quale natura è mai ciò che piantano i poeti? Infatti mi sembri, nel lodare tuo fratello, che tu stia tessendo le lodi di te stesso.

QUINTO: - E sia pure così; tuttavia, finché potrà avere spazio la letteratura latina, questo luogo non sarà privo di una quercia che venga denominata *Mariana*, ed essa, come dice Scevola del *Mario* di mio fratello[30],

[2] *Per infiniti secoli diverrà canuta*

se è vero che la tua Atene potè conservare sull'Acropoli un olivo immortale, o se ancora oggi viene mostrata quella medesima palma, per il fatto che l'omerico Ulisse disse di averla vista in Delo, slanciata e giovane[31]; e inoltre è noto che molti oggetti nel ricordo sopravvivono in molti luoghi più durevolmente di quanto non sarebbero potuti sussistere per natura. Per questa ragione quella «ghiandifera» quercia, dalla quale un tempo prese il volo

La messaggera fulva di Giove[32] *apparsagli in mirabile aspetto,*

può ora essere esattamente questa. Ma nonostante tempo e vecchiaia l'abbiano consunta, rimarrà in questi luoghi quella quercia, che chiameranno Mariana.

---

[29] Nei suoi anni giovanili Cicerone scrisse un poemetto, ora perduto, intitolato *Marius*, in cui celebrava il suo concittadino, il console Caio Mario vincitore dei Cimbri e dei Teutoni.

[30] Cicerone compose il *Marius* mentre frequentava la scuola dell'anziano pontefice Scevola, il quale, dopo aver letto ed apprezzato il testo, gli dedicò dei versi encomiastici, tra cui il presente costituisce un frammento.

[31] OMERO, *Odissea*, X, 162-163.

[32] Nel perduto *Marius* si narrava la leggenda secondo cui un'aquila bionda, volata via dalla quercia di Arpino, giunse al cospetto di Mario, che ne trasse auspici favorevoli.

[3] ATTICVS: Non dubito id quidem. Sed hoc iam non ex te, Quinte, quaero, uerum ex ipso poeta, tuine uersus hanc quercum seuerint, an ita factum de Mario, ut scribis, acceperis.

MARCVS: Respondebo tibi equidem, sed non ante quam mihi tu ipse responderis, Attice, certen <non> longe a tuis aedibus inambulans post excessum suum Romulus Proculo Iulio dixerit se deum esse et Quirinum uocari templumque sibi dedicari in eo loco iusserit, et uerumne sit <ut> Athenis non longe item a tua illa antiqua domo Orithyiam Aquilo sustulerit; sic enim est traditum.

[4] ATTICVS: Quorsum tandem aut cur ista quaeris?

MARCVS: Nihil sane, nisi ne nimis diligenter inquiras in ea quae isto modo memoriae sint prodita.

ATTICVS: Atqui multa quaeruntur in Mario fictane an uera sint, et a nonnullis quod et in recenti memoria et in Arpinati homine uers<atur>, ueritas a te postulatur.

MARCVS: Et mehercule ego me cupio non mendacem putari, sed tamen nonnulli isti, Tite noster, faciunt imperite, qui in isto periculo non ut a poeta sed ut a teste ueritatem exigant, nec dubito quin idem et cum Egeria conlocutum Numam et ab aquila Tarquinio apicem impositum putent.

[3] ATTICO: - Non ne dubito affatto; ma questo non lo chiedo a te come uomo, Quinto, ma a te in veste di poeta, se davvero i tuoi versi abbiano contribuito a piantare questa quercia, oppure se tu abbia avuto notizia che ciò venne fatto da Mario, così come è scritto.

MARCO: - Ti risponderò, Attico, ma non prima che tu mi abbia risposto se sia certo che, passeggiando non lontano dalla tua casa dopo la propria morte, Romolo abbia detto a Giulio Proculo di essere un dio e di chiamarsi Quirino, e che abbia ordinato di dedicargli un tempio in quel luogo[33], e se sia vero che ad Atene, proprio lì, non lontano da quella tua vecchia casa, Aquilone abbia rapito Orizia[34]; è questo che si racconta.

[4] ATTICO: - Ma qual è il tuo scopo e perché mi fai questa domanda?

MARCO: - Per nessun altro scopo se non affinché tu non ti metta ad indagare con troppo impegno tradizioni di questo genere.

ATTICO: - Eppure di parecchi fatti nel *Mario* ci si chiede se siano veri oppure inventati, e da parte di molti ti si chiede la verità, dato che sei interessato ai fatti recenti e ad un personaggio di Arpino.

MARCO: - Per Ercole, io non vorrei essere considerato un bugiardo; eppure questi «parecchi», Tito mio, si comportano come degli sprovveduti ingenui, pretendendo la verità in questo mio tentativo, non come se fossi un poeta, ma financo un testimone oculare; e non dubito che questi stessi crederebbero che Numa avesse davvero dei colloqui con Egeria[35] e che un'aquila abbia incoronato [re] Tarquinio.

---

[33] TITO LIVIO, *Storia di Roma dalla sua fondazione*, I, 16, 5-8, narra che Romolo, dopo la sua morte, apparve a Proculo Giulio, il quale atterrito e chiestogli di poterlo guardare in volto, si sentì rispondere che doveva annunciare ai Romani che gli dèi volevano che Roma divenisse la capitale del mondo, ragion per cui si sarebbero dovuti addestrare nell'arte militare e tramandarla ai loro discendenti, in modo di risultare invincibili. Da notare che Proculo apparteneva alla *gens* Giulia la stessa di Caio Giulio Cesare.

[34] Orizia, figlia di Eretteo e di Prassitea, fu rapita dal vento Borea lungo le sponde del fiume Ilisso, ad est di Atene.

[35] Ninfa ed amante di re Numa Pompilio, nonché sua maestra di sapienza regale; secondo DIONIGI DI ALICARNASSO, *Antichità romane*, II, 60, si trattava di una delle Muse.

[5] QVINTVS: Intellego te, frater, alias in historia leges obseruandas putare, alias in poemate.

MARCVS: Quippe cum in illa ad ueritatem, Quinte, <quaeque> referantur, in hoc ad delectationem pleraque; quamquam et apud Herodotum patrem historiae et apud Theopompum sunt innumerabiles fabulae.

ATTICVS: Teneo quam optabam occasionem neque omittam.

MARCVS: Quam tandem, Tite?

ATTICVS: Postulatur a te iam diu uel flagitatur potius historia. Sic enim putant, te illam tractante effici posse, ut in hoc etiam genere Graeciae nihil cedamus. Atque ut audias quid ego ipse sentiam, non solum mihi uideris eorum studiis qui [tuis] litteris delectantur, sed etiam patriae debere hoc munus, ut ea quae salua per te est, per te eundem sit ornata. Abest enim historia litteris nostris, ut et ipse intellego et ex te persaepe audio. Potes autem tu profecto satis facere in ea, quippe cum sit opus, ut tibi quidem uideri solet, unum hoc oratorium maxime.

[5] QUINTO: - Comprendo, fratello, che le leggi della poesia e quelle della Storia tu le giudichi del tutto differenti.

MARCO: - Naturalmente, dato che in questa tutto si riconduce alla verità, ed in quella soprattutto al godimento dello spirito; per quanto perfino in Erodoto, il padre della storia, ed in Teopompo vi si ritrovino parecchie leggende.

II. ATTICO: - Ecco qui un'occasione che non mi lascerò scappare.

MARCO: - Quale, Tito?

ATTICO: - Ti viene domandata già da tempo, o meglio, si pretende da te [la stesura di] una storia. Si è difatti del parere che se tu la trattassi, anche in questo genere, probabilmente, non riusciremmo assolutamente inferiori alla Grecia. E affinché tu sappia quale sia la mia opinione personale, mi pare che questo tuo impegno risponderebbe non soltamente al desiderio di quelli che trovano piacere nei tuoi scritti, ma anche alla patria stessa, perché essa, che già da te fu salvata[36], grazie alla tua opera debba essere celebrata; manca infatti alla nostra letteratura la storia, come vedo bene da me e sento spessissimo dire da te. E tu, senza dubbio, sei capace di soddisfarci in questo ambito, dal momento che appunto essa, secondo il tuo pensiero, è l'unico genere di scrittura più congeniale all'oratoria.

---

[36] Allude alla congiura di Catilina, sventata da Cicerone in veste di console.

[6] Quam ob rem adgredere, quaesumus, et sume ad hanc rem tempus, quae est a nostris hominibus adhuc aut ignorata aut relicta. Nam post annalis pontificum maximorum, quibus nihil potest esse iucundius, si aut ad Fabium aut ad eum qui tibi semper in ore est Catonem, aut ad Pisonem aut ad Fannium aut ad Vennonium uenias, quamquam ex his alius alio plus habet uirium, tamen quid tam exile quam isti omnes? Fannii autem aetati coniunctus <Coelius Anti>pater paulo inflauit uehementius, habuitque uires agrestis ille quidem atque horridas, sine nitore ac palaestra, sed tamen admonere reliquos potuit ut adcuratius scriberent. Ecce autem successere huic <G>elli<us>, Clodius, Asellio, nihil ad Coelium, sed potius ad antiquorum languorem et inscitiam.

[7] Nam quid Macrum numerem? Cuius loquacitas habet aliquid argutiarum nec id tamen ex illa erudita Graecorum copia, sed ex librariolis Latinis: in orationibus autem multa s<ane a>pt<a L>ati<n>o <ser>m<oni> imp<er>t<iens>, Sisenna, eius amicus, omnis adhuc nostros scriptores—nisi qui forte nondum ediderunt, de quibus existimare non possumus—facile superauit. Is tamen neque orator in numero uestro umquam est habitus, et in historia puerile quiddam consectatur, ut unum Clitarchum neque praeterea quemquam de Graecis legisse uideatur, eum tamen uelle dumtaxat imitari: quem si adsequi posset, aliquantum ab optumo tamen abesset. Quare tuum est munus hoc, a te exspectatur; nisi quid Quinto uidetur secus.

[6] Perciò, ti preghiamo, incomincia una buona volta e dedica parte del tuo tempo ad un campo che dai nostri conterranei rimane fino ad oggi o ignorato o trascurato. Infatti se iniziamo dagli annali dei pontefici massimi, dei quali nulla si potrebbe citare di più arido, veniamo a Fabio o a quel Catone, che hai sempre sulla bocca, o a Pisone, o a Fannio o a Vennonio, pur avendo costoro l'uno più vigore dell'altro, tuttavia cosa troveremmo di così modesto, come l'opera di tutti questi? Vicino poi all'epoca di Fannio, Antipatro[37] vi mise un po' più di forza ed ebbe in verità una vitalità rozza ed aspra, pur in mancanza di quella chiarezza che deriva dall'esercizio; ciò tuttavia potè servire da incoraggiamento agli altri, perché scrivessero con più cura. Ecco poi tenergli dietro quei gradevoli scrittori come un Clodio o un Asellione, neppure paragonabili a Celio, ma piuttosto alla incertezza ed alla rozzezza, degli antichi.

[7] A che scopo infatti dovrei citare, per esempio, Macro?[38] La sua loquacità presenta qualche spunto di arguzia, non già derivante dalla colta facondia dei Greci, ma dai copisti latini, e nei pezzi oratori vi sono certamente molte qualità che fanno parte della lingua latina. Il suo amico Sisenna ha superato facilmente tutti i nostri scrittori almeno fino al giorno d'oggi, salvo forse quelli che non hanno ancora pubblicato nulla e dei quali non possiamo dare un giudizio. Ma costui mai è stato ricordato da voi nella vostra famiglia come oratore, e nella storia egli si compiace di banalità tali da sembrare che egli abbia letto soltanto Clitarco e, al di fuori di lui, nessuno dei Greci, e tuttavia pare voglia imitare esclusivamente quello; e se pur potesse raggiungerlo, credo, rimarrebbe sicuramente alquanto distante dalla sua perfezione. Per questo un tale compito spetta a te, lo si attende da te, a meno che Quinto non la pensi diversamente.

---

[37] Lucio Celio Antipatro, amico di Lelio, scrisse in 7 libri una storia della II Guerra Punica.

[38] Trattasi di quel Licinio Macro che, citato in giudizio da Cicerone per concussione (*de repetundis*), prima di essere condannato si portò il fazzoletto alla bocca e si soffocò da solo senza attendere il verdetto di condanna.

[8] QVINTVS: Mihi uero nihil, et saepe de isto conlocuti sumus; sed est quaedam inter nos parua dissensio.

ATTICVS: Quae tandem?

QVINTVS: A quibus temporibus scribendi capiatur exordium. Ego enim ab ultimis censeo, quoniam illa sic scripta sunt ut ne legantur quidem, ipse autem aequalem aetatis suae memoriam deposcit, ut ea conplectatur quibus ipse interfuit.

ATTICVS: Ego uero huic potius adsentior. Sunt enim maxumae res in hac memoria atque aetate nostra; tum autem hominis amicissimi Cn. Pompeii laudes inlustrabit, incurret etiam in <praeclarum> illum et memorabilem annum suum: quae ab isto malo praedicari quam, ut aiunt, de Remo et Romulo.

MARCVS: Intellego equidem a me istum laborem iam diu postulari, Attice. Quem non recusarem, si mihi ullum tribueretur uacuum tempus et liberum. Neque enim occupata opera neque inpedito animo res tanta suscipi potest: utrumque opus est, et cura uacare et negotio.

[9] ATTICVS: Quid? Ad cetera quae scripsisti plura quam quisquam e nostris, quod tibi tandem tempus uacuum fuit concessum?

MARCVS: Subsiciua quaedam tempora incurrunt, quae ego perire non patior, ut si qui dies ad rusticandum dati sint, ad eorum numerum adcommodentur quae scribimus. Historia uero nec institui potest nisi praeparato otio, nec exiguo tempore absolui, et ego animi pendere soleo, cum semel quid orsus, [si] traducor alio, neque tam facile interrupta contexo quam absoluo instituta.

III. [8] QUINTO: - Per nulla, anzi abbiamo spesso parlato di questo argomento. Ma tra di noi c'è una piccola divergenza di vedute.

ATTICO: - Quale?

QUINTO: -Da quale periodo incominciare la stesura della storia. Io penso dagli anni più lontani, dal momento che se ne è scritto in maniera tale da non invogliare nemmeno alla lettura; egli invece insiste sulla memoria dell'epoca a lui contemporanea, per abbracciare tutti quegli avvenimenti cui ha partecipato egli stesso personalmente.

ATTICO: - Ed io darei ragione piuttosto a lui. In questa nostra epoca e nei nostri ricordi vi sono infatti degli eventi importantissimi; quindi egli potrà illustrare le glorie di Gneo. Pompeo suo intimo amico e si incontrerà anche in quel †... proprio suo e memorabile anno[39]; e preferirei che da lui fossero celebrati questi avvenimenti, anziché personaggi quali Romolo e Remo.

MARCO: - Sono a conoscenza, Attico, che già da tempo mi si richiede quest'impresa; ed io non la rifiuterei, soltanto mi fosse concesso un po' di tempo libero da impegni e tranquillo; non è possibile infatti intraprendere un lavoro talmente vasto quando si è occupati in un'altra attività o con la mente poco tranquilla; vi sarebbe bisogno di entrambe le cose: essere liberi dalle preoccupazioni e dagli impegni.

[9] ATTICO: - Perché mai? Per tutte le cose che hai scritto in quantità ben maggiore in confronto a chiunque noi, quale tempo libero ti fu concesso?

MARCO: - Mi capitano certi ritagli di tempo, che io non consento che vada sprecato, cosicché, se mi rimane libero qualche giorno per andare in campagna, lo sfrutto per redigere ciò che avevo abbozzato. Ma un'opera storica non si può iniziare senza del tempo libero ben preciso, né può essere condotta a termine in un breve lasso; inoltre, normalmente, io mi trovo a disagio se sono costretto a spostarmi ogni qualvolta abbia messo mano a qualcosa, né riesco a riprendere così facilmente i lavori interrotti, come invece riesco a condurre a termine senza interruzioni quelli già sviluppati.

---

[39] Ovvero il 63 a.C., anno in cui Cicerone rivestì il consolato e sventò la congiura di Catilina; su quest'evento egli compose un poema in tre libri nel 55 a.C., non pervenutoci.

[10] ATTICVS: Legationem aliquam nimirum ista oratio postulat, aut eius modi quampiam cessationem liberam atque otiosam.

MARCVS: Ego uero aetatis potius uacationi confidebam, cum praesertim non recusarem, quominus more patrio sedens in solio consulentibus responderem senectutisque non inertis grato atque honesto fungerer munere. Sic enim mihi liceret et isti rei quam desideras et multo uberioribus atque maioribus operae quantum uellem dare.

[11] ATTICVS: Atqui uereor ne istam causam nemo noscat, tibique semper dicendum sit, et eo magis quod te ipse mutasti, et aliud dicendi instituisti genus, ut, quem ad modum Roscius familiaris tuus in senectute numeros in cantu <remissius> cecinerat ipsasque tardiores fecerat tibias, sic tu a con<ten>tionibus quibus summis uti solebas, cotidie relaxes aliquid, ut iam oratio tua non multum a philosophorum lenitate absit. Quod sustinere cum uel summa senectus posse uideatur, nullam tibi a causis uacationem uideo dari.

[10] ATTICO: - Senza dubbio questo tuo impegno esigerebbe un qualche incarico ufficiale o un analogo tipo di pausa che ti mettesse a disposizione del tempo libero.

MARCO: - Io confidavo piuttosto in un esonero per motivi di età, tanto più che non mi rifiuterei, secondo il patrio costume, di starmene seduto in panciolle ed elargire consigli legali a quelli che mi interpellassero, e di assolvere così il compito gradito ed onesto di una vecchiaia del tutto inerte. In tal modo io potrei dedicarmi in piena libertà sia a questo lavoro, che tu desideri, sia a molti altri di maggiore utilità ed importanza.

IV. [11] ATTICO: - Eppure temo che nessuno ti riconosca questa motivazione, e che tu dovrai sempre pronunziare arringhe, tanto più che hai operato un cambiamento adottando una nuova forma di oratoria; ed a quel modo che il tuo amico Roscio[40] nella vecchiaia aveva moderato le armonie nelle sue cantate, ed aveva fatto rallentare il ritmo dei flauti[41], così tu ora di giorno in giorno stai moderando alquanto le tue discussioni, che invece eri solito sostenere con estrema vivacità, cosicché, oramai, la tua eloquenza non è molto lontana dalla pacatezza dei filosofi; e poiché pare che una tensione tale possa essere sostenuta anche dalla vecchiaia più avanzata, mi è facile capire che non ti è concesso alcun disimpegno dalle cause.

---

[40] Quinto Roscio era un celebre attore comico, nato a Lanuvio ed amico intimo e maestro di Cicerone nell'arte del declamare.

[41] La *tibia* (flauto) era molto in uso nel teatro antico, nel culto di Cibele e nelle celebrazioni di nozze e funerali.

[12] QVINTVS: At mehercule ego arbitrabar posse id populo nostro probari, si te ad ius respondendum dedisses; quam ob rem, cum placebit, experiendum tibi id censeo.

MARCVS: Si quidem, Quinte, nullum esset in experiundo periculum. Sed uereor ne, dum minuere uelim laborem, augeam, atque ad illam causarum operam, ad quam ego numquam nisi paratus et meditatus accedo, adiungatur haec iuris interpretatio, quae non tam mihi molesta sit propter laborem, quam quod dicendi cogitationem auferat, sine qua ad nullam maiorem umquam causam sum ausus accedere.

[13] ATTICVS: Quin igitur ista ipsa explicas nobis his subsiciuis, ut ais, temporibus, et conscribis de iure ciuili subtilius quam ceteri? Nam a primo tempore aetatis iuri studere te memini, quom ipse etiam ad Scaeuolam uentitarem, neque umquam mihi uisus es ita te ad dicendum dedisse, ut ius ciuile contemneres.

MARCVS: In longum sermonem me uocas, Attice, quem tamen, nisi Quintus aliud quid nos agere mauult, suscipiam, et, quoniam uacui sumus, dicam.

QVINTVS: Ego uero libenter audierim. Quid enim agam potius, aut in quo melius hunc consumam diem?

[12] QUINTO: - Per Ercole, io pensavo che potessi riscuotere l'approvazione del nostro popolo se ti dedicassi alla consulenza legale. Ritengo quindi che dovresti metterti alla prova, quando ne avrai voglia.

MARCO: - Certamente, Quinto, se nel farne la prova non vi fossero inconvenienti; ma temo che, mentre vorrei diminuire i miei impegni, al contrario li aumenterei, e a quella trattazione delle cause, alla quale io non mi accingo mai se non dopo una attenta preparazione e meditazione, si aggiungerebbe questa interpretazione della legge, che non mi riuscirebbe tanto molesta per la fatica, quanto perché mi impedirebbe di pensare alle arringhe da pronunziare; non ho mai avuto la presunzione di presentarmi ad un processo di una certa importanza senza questa preparazione.

[13] ATTICO: - E perché allora in questi ritagli di tempo non ci chiarisci tutto ciò, e non ti metti a scrivere di diritto civile con maggior profondità di quanto non abbiano fatto gli altri? Ricordo infatti che fin dalla prima giovinezza ti occupavi di diritto, quando anch'io frequentavo Scevola, né ho mai avuto l'impressione che tu ti fossi dato all'oratoria, al punto da disprezzare il diritto civile.

MARCO: - Mi inviti ad un lungo discorso, Attico; ma tuttavia lo affronterò, a meno che Quinto non preferisca che trattiamo qualche altra questione; e, considerato che non abbiamo altro da fare, ne parlerò.

QUINTO: - Io ti ascolterò ben volentieri; infatti che cosa potrei preferire di fare, o come potrei trascorrere meglio questa giornata?

[14] MARCVS: Quin igitur ad illa spatia nostra sedesque pergimus? Vbi, cum satis erit ambulatum, requiescemus, nec profecto nobis delectatio deerit, aliud ex alio quaerentibus.

ATTICVS: Nos uero, et hac quidem ad <L>irem, si placet, per ripam et umbram. Sed iam ordire explicare, quaeso, de iure ciuili quid sentias.

MARCVS: Egone? Summos fuisse in ciuitate nostra uiros, qui id interpretari populo et responsitare soliti sint, sed eos magna professos in paruis esse uersatos. Quid enim est tantum quantum ius ciuitatis? Quid autem tam exiguum quam est munus hoc eorum qui consuluntur? Quam<quam> est [populo] necessarium, nec uero eos, qui ei muneri praefuerunt, uniuersi iuris fuisse expertis existimo, sed hoc ciuile quod uocant eatenus exercuerunt, quoad populo praestare uoluerunt; id autem in cogniti<one> tenue est, in usu necessarium. Quam ob rem quo me uocas, aut quid hortaris? ut libellos conficiam de stillicidiorum ac de parietum iure? An ut stipulationum et iudiciorum formulas conponam? Quae et conscripta a multis sunt diligenter, et sunt humiliora quam illa quae a nobis exspectari puto.

[14] MARCO: - Perché allora non ci avviamo alla nostra passeggiata ed a quei sedili? In quel posto ci potremo riposare dopo aver passeggiato abbastanza, e non ci mancherà certo l'occasione di essere soddisfatti affrontando svariate questioni.

ATTICO: - Noi siamo pienamente d'accordo, ed anzi da questa parte andiamo verso il Liri[42], se vi sta bene, lungo la riva ed all'ombra. Ma incomincia ora a spiegare, ti prego, il tuo pensiero sul diritto civile.

MARCO: - Devo farlo proprio io? Penso che già ci furono nella nostra città grandissimi uomini, che erano soliti spiegarlo al popolo e facevano i consulenti legali; ma essi, pur promettendo grandi cose, si occuparono di argomenti poco importanti. Che c'è infatti di così importante come il diritto pubblico? E che cosa tanto modesto come il compito di quelli che danno consulenze, anche se esso è necessario al pubblico? Io non credo affatto che quanti si segnalarono in tale professione siano stati ignoranti di diritto generale, ma si occuparono di quello, così detto civile, entro i limiti in cui vollero fare cosa utile al popolo. E questo, per quanto concerne la dottrina, è un fatto di poco conto, sebbene necessario nella vita pratica. Perciò a che m'inviti o a che cosa mi esorti? A comporre libretti sugli stillicidi di acqua o sui diritti connessi ai muri? O che metta insieme formule di contratti e di sentenze? Tutte cose di cui molti hanno scritto diligentemente e che sono di portata minore rispetto a quelle che penso si debba attendere da noi.

---

[15] ATTICVS: Atqui, si quaeris ego quid exspectem, quoniam scriptum est a te de optimo rei publicae statu, consequens esse uidetur ut scribas tu idem de legibus: sic enim fecisse uideo Platonem illum tuum, quem tu admiraris, quem omnibus anteponis, quem maxime diligis.

MARCVS: Visne igitur, ut ille cum Crete Clinia et cum Lacedaemonio Megillo aestiuo, quem ad modum describit, die in cupressetis Gnosiorum et spatiis siluestribus, crebro insistens, interdum adquiescens, de institutis rerum publicarum ac de optimis legibus disputa<ba>t, sic nos inter has procerissimas populos in uiridi opacaque ripa inambulantes, tum autem residentes, quaeramus isdem de rebus aliquid uberius quam forensis usus desiderat?

[16] ATTICVS: Ego uero ista audire cupio.

MARCVS: Quid ait Quintus?

QVINTVS: Nulla de re magis.

MARCVS: Et recte quidem; nam sic habetote, nullo in genere disputandi <p>o<t>est magis patefieri, quid sit homini a natura tributum, quantam uim rerum optimarum mens humana contineat, cuius muneris colendi efficiendique causa nati et in lucem editi simus, quae sit coniunctio hominum, quae naturalis societas inter ipsos. His enim explicatis, fons legum et iuris inueniri potest.

V. [15] ATTICO: - Eppure se tu mi chiedessi che cosa io mi aspetti, visto che tu già hai scritto della miglior forma di governo[43], mi sembra conseguente che tu debba ancora scrivere, cioè sulle leggi; così infatti vedo che fece quel tuo Platone, che tu ammiri, che poni davanti a tutti, che ami più d'ogni altro.

MARCO: - Allora tu vorresti che facessimo come quella persona in compagnia del cretese Clinia[44] e lo spartano Megillo in un giorno d'estate, a quanto egli stesso scrive, il quale, soffermandosi spesso durante una passeggiata nel bosco fra i cipresseti di Cnosso, e di tanto in tanto sedendosi a riposare, discorreva delle istituzioni politiche e delle migliori legislazioni; e così noi, passeggiando fra questi altissimi pioppi su una riva verdeggiante ed ombrosa, e poi mettendoci anche a sedere, dovremmo ricercare intorno a questi medesimi argomenti qualcosa di più stimolante di quello che esige la pratica forense?

[16] ATTICO: - Sono esattamente questi i temi che io desidero ascoltare.

MARCO: - E tu che ne dici, Quinto?

QUINTO: - A nessun altro tema sono interessato di più.

MARCO: - Ed è giusto che sia così. Infatti tenete bene in mente questo principio, che in nessun genere di discussione si può manifestare con maggiore evidenza che cosa sia stato attribuito all'uomo dalla natura, quanta abbondanza di ottime doti contenga l'animo umano, per assolvere e realizzare quale compito siamo nati e venuti alla luce, quale sia il legame tra gli uomini, quale la naturale associazione tra i medesimi. Una volta spiegati questi princìpi, si può ritrovare la fonte delle leggi e del diritto.

---

[43] Attico allude al *De Re publica*, opera ciceroniana anch'essa scritta sotto forma di dialogo, in cui i principali interlocutori sono Scipione Emiliano e il suo amico Lelio

[44] Si accenna al dialogo platonico *Le Leggi*, nel quale l'autore entra sotto il nome di "ospite ateniese"; altri due interlocutori sono Clinia di Creta e Megillo di Sparta. Il dialogo si finge tenuto a Creta; Platone, Clinia e Megillo rappresentano le tre più celebri legislazioni della Grecia, attribuite quella ateniese a Solone, la cretese a Minasse la spartana a Licurgo.

[17] ATTICVS: Non ergo a praetoris edicto, ut plerique nunc, neque a duodecim tabulis, ut superiores, sed penitus ex intima philosophia hauriendam iuris disciplinam putas?

MARCVS: Non enim id quaerimus hoc sermone, Pomponi, quem ad modum caueamus in iure, aut quid de quaque consultatione respondeamus. Sit ista res magna, sicut est, quae quondam a multis claris uiris, nunc ab uno summa auctoritate et scientia sustinetur, sed nobis ita complectenda in hac disputatione tota causa est uniuersi iuris ac legum, ut, hoc ciuile quod dicimus, in paruum quendam et angustum locum concludatur. Natura enim iuris explicanda nobis est, eaque ab hominis repetenda natura, considerandae leges quibus ciuitates regi debeant; tum haec tractanda, quae conposita sunt et descripta iura et iussa populorum, in quibus ne nostri quidem populi latebunt quae uocantur iura ciuilia.

[17] ATTICO: - Allora tu pensi che la dottrina giuridica non debba essere attinta dagli editti del pretore[45], come i più credono ora, né dalle Dodici Tavole[46], come i nostri antenati, ma dalle radici più profonde della filosofia?

MARCO: - Infatti in questa conversazione non indaghiamo questo, Pomponio, cioè delle cautele che dobbiamo prendere in una causa o della risposta che dobbiamo dare a ciascun quesito legale. Sia pure questa un'importante occupazione, come difatti lo è, che già un tempo fu praticata da molti autorevoli personaggi, ed ora da un solo personaggio[47] è mantenuta con grande autorità e conoscenza di causa. Ma in questa discussione dovremo abbracciare nella sua interezza l'argomento del diritto generale e delle leggi, in modo che questo che chiamiamo diritto civile sia circoscritto in un ambito modesto e ben delimitato. Dobbiamo infatti spiegare la natura del diritto ed essa deve essere fatta derivare dalla natura umana[48], dobbiamo considerare le leggi con le quali si debbano governare gli Stati, e poi dobbiamo trattare di quelle leggi e di quegli ordinamenti dei popoli che sono stati codificati e distinti, e fra di essi non ci sfuggiranno certo quelli del nostro popolo, che sono chiamati diritti civili.

---

[45] Quando un pretore entrava in carica, emanava subito una notifica od avviso pubblico, i cui dichiarava i principî in base ai quali egli intendeva amministrare la giustizia; talvolta il pretore si rimetteva all'*edictum translaticium* o *perpetuum*, che si trovava già nella sua provincia, limitandosi solamente ad aggiungervi alcune nuove disposizioni, richieste da necessità locali o da leggi più recenti.

[46] Sono le celebri Leggi delle XII Tavole, emanate agli albori della Repubblica dal collegio dei Decemviri per rimuovere le disuguaglianze sociali e di diritto, causa del conflitto fra patrizi e plebei: esse abbracciavano prescrizioni sacre, criminali e di ordine pubblico e, in breve tempo, divennero la fonte del diritto pubblico e privato. Secondo Attico, i vari editti dei pretori e le leggi delle XII Tavole sono sì importanti, ma la ragione vivificante di tali norme va cercata nella filosofia, la sola che possa fornire al legislatore i principî più autentici ed umani del diritto.

[47] Allude a Servio Sulpicio Rufo, discepolo di Aquilio, amico di Cicerone; si trattava di un grande maestro di diritto, che tenne scuola in età augustea ai più rinomati giureconsulti.

[48] È, *in nuce*, l'argomento base dell'intero dialogo, ossia lo studio preciso e approfondito della natura umana, che porta alla conoscenza di noi stessi, e quindi la derivazione della base del diritto umano, delle leggi ordinatrici della società civile.

[18] QVINTVS: Alte uero et, ut oportet, a capite, frater, repetis quod quaerimus, et qui aliter ius ciuile tradunt, non tam iustitiae quam litigandi tradunt uias.

MARCVS: Non ita est, Quinte, ac potius ignoratio iuris litigiosa est quam scientia. Sed hoc posterius: nunc iuris principia uideamus.

Igitur doctissimis uiris proficisci placuit a lege, haud scio an recte, si modo, ut idem definiunt, lex est ratio summa, insita in natura, quae iubet ea quae facienda sunt, prohibetque contraria. Eadem ratio, cum est in hominis mente confirmata et <per>fecta, lex est.

[19] Itaque arbitrantur prudentiam esse legem, cuius ea uis sit, ut recte facere iubeat, uetet delinquere, eamque rem illi Graeco putant nomine nÒmon <a> suum cuique tribuendo appellatam, ego nostro a legendo. Nam ut illi aequitatis, sic nos delectus uim in lege ponimus, et proprium tamen utrumque legis est. Quod si ita recte dicitur, ut mihi quidem plerumque uideri solet, a lege ducendum est iuris exordium. Ea est enim naturae uis, ea mens ratioque prudentis, ea iuris atque iniuriae regula. Sed quoniam in populari ratione omnis nostra uersatur oratio, populariter interdum loqui necesse erit, et appellare eam legem, quae scripta sancit quod uult aut iubendo <aut prohibendo>, ut uulgus appellare <solet>. Constituendi uero iuris ab illa summa lege capiamus exordium, quae, saeclis <communis> omnibus, ante nata est quam scripta lex ulla aut quam omnino ciuitas constituta.

VI. [18] QUINTO: - Tu riprendi proprio dall'alto e, come è più opportuno, fratello, dalla medesima sorgente, quel che noi chiediamo; e quelli che insegnano diversamente il diritto civile, non insegnano tanto le vie della giustizia, bensì quelle del bisticciare.

MARCO: - Non è così, Quinto; è piuttosto fonte di bisticci l'ignoranza del diritto anziché la sua conoscenza . Ma di ciò si discuterà in seguito; adesso vediamo i fondamenti del diritto. Agli uomini più dotti nella materia piacque dunque iniziare dalla legge[49], non so se a ragion veduta, a condizione che, secondo la loro stessa definizione, la legge consista nella norma suprema insita nella Natura, la quale ultima ordina ciò che si deve fare, e proibisce il contrario. Questa norma stessa, allorché è resa certa, ed impressa nella mente umana, è la Costituzione (*Lex*).

[19] Pertanto questi giudicano che legge sia la saggezza, la cui forza è che essa comanda di agire rettamente, vieta di commettere colpa, e ritengono che essa, in base al suo nome greco, sia stata chiamata dall'attribuire a ciascuno il suo, io invece in base al suo nome latino da «scegliere»; infatti come quelli attribuiscono al termine «legge» il significato di equità, così noi vi attribuiamo quello di scelta, ma tuttavia ambedue i significati sono propri della legge. Se questo ragionamento è esatto, e certo a me in linea di massima sembra tale, la fonte del diritto è da desumersi dalla legge; essa infatti è la forza vitale della natura, essa è mente e ragione del saggio, essa criterio del giusto e dell'ingiusto[50]. Ma poichè ogni nostro discorso mira alla comprensione delle masse, sarà necessario parlare talvolta in forma popolare e chiamare legge quella che, scritta, sancisce ciò che vuole o comandando o vietando secondo la definizione corrente. Riallacciamoci dunque, nello stabilire la definizione del diritto, a quella legge suprema, che è nata tanti secoli prima che una legge sia mai stata scritta o che qualche Stato sia mai stato del costituito.

---

[49] Ovvero ai filosofi, ed in particolare agli Stoici.

[50] La legge, secondo Cicerone, si pone al di sopra di ogni concetto morale e giuridico: essa è il criterio stesso di ciò che è giusto ed ingiusto, l'espressione imperativa di ciò che è equo, facendo sì che si dia a ciascuno quel che gli spetta, ed in ciascuno costituisce un'esigenza ad avere quel che gli appartiene.

[20] QVINTVS: Commodius uero et ad rationem instituti sermonis sapientius.

MARCVS: Visne ergo ipsius iuris ortum a fonte repetamus? Quo inuento non erit dubium, quo sint haec referenda quae quaerimus.

QVINTVS: Ego uero ita esse faciendum censeo.

ATTICVS: Me quoque adscribe fratris sententiae.

MARCVS: Quoniam igitur eius rei publicae, quam optumam esse docuit in illis sex libris Scipio, tenendus est nobis et seruandus status, omnesque leges adcommodandae ad illud ciuitatis genus, serendi etiam mores nec scriptis omnia sancienda, repetam stirpem iuris a natura, qua duce nobis omnis <haec> est disputatio explicanda.

ATTICVS: Rectissime, et quidem ista duce errari nullo pacto potest.

[21] MARCVS: Dasne igitur hoc nobis, Pomponi, (nam Quinti noui sententiam), deorum immortalium <n>ut<u>, ratione, potestate, mente, numine (siue quod est aliud uerbum quo planius significem quod uolo) naturam omnem regi? Nam, si hoc <c>o<m>probas, ab eo nobis causa ordienda est potissimum.

ATTICVS: Do sane, si postulas; etenim propter hunc concentum auium strepitumque fluminum non uereor condiscipulorum ne quis exaudiat.

MARCVS: Atqui cauendum est; solent enim (id quod uirorum bonorum est) admodum irasci, nec uero ferent, si audierint, te primum caput ui<ri> optimi prodidisse, in quo scripsit nihil curare deum nec sui nec alieni.

[20] QUINTO: - Tutto esposto con molta chiarezza e saggezza, in verità.

MARCO: - Vuoi dunque che ripercorriamo l'origine del diritto rifacendoci alla sua fonte stessa? Una volta scopertala non vi è dubbio che dobbiamo riportare ad essa quanto stiamo indagando.

QUINTO: - Sono dell'opinione che si debba fare così.

ATTICO: - Ritieni anche me della stessa opinione di tuo fratello.

MARCO: - Visto che, dunque, dobbiamo mantenere e conservare inalterate le condizioni di quello Stato, la cui forma Scipione ci dimostrò essere la migliore, in quei famosi sei libri, e poiché tutte le leggi dovranno essere adattate a quel genere di costituzione, e bisogna anche inserirvi i princìpi morali senza sancire ogni cosa per scritto, trarrò fuori la radice del diritto dalla natura, sotto la cui guida dobbiamo svolgere tutta questa discussione.

ATTICO: - Molto bene, e di certo, con una simile guida, non si potrà errare in alcun modo.

VII.[21] MARCO: - Ci concedi dunque questo, Pomponio – infatti già conosco perfettamente il pensiero di Quinto –, ovvero che tutto l'universo è governato dal volere degli dèi immortali,[51] dalla ragione, dall'autorità, dall'intelletto, dalla potenza, o con qualunque altro termine con cui si possa significare più chiaramente ciò che intendo? Infatti se tu non lo ammettessi, proprio da questo punto dovremmo cominciare la nostra discussione.

ATTICO: - Te lo concedo, se me lo chiedi; intanto per questo concerto di uccelli ed il fragore dei fiumi non c'è pericolo che mi senta alcuno dei miei condiscepoli.

MARCO: - Ed è necessario essere cauti; infatti essi come tutti gli omini dabbene, sono soliti dare in escandescenze, e non tollereranno di certo se sentiranno dire che proprio tu hai pubblicato il primo capitolo di quell'ottima persona[52], in cui egli scrisse che il dio di nulla si cura, né delle cose proprie né delle cose altrui.

---

[51] Quinto era stoico, ed ammetteva che l'universo era governato da Dio, l'esistenza di quest'ultimo e riconosceva l'influsso della sua Provvidenza

[52] Epicuro, la cui scuola Attico seguiva (come anche molti altri importanti Romani, tra cui Giulio Cesare).

[22] ATTICVS: Perge, quaeso. Nam id quod tibi concessi, quorsus pertineat, exspecto.

MARCVS: Non faciam longius. Huc enim pertinet: animal hoc prouidum, sagax, multiplex, acutum, memor, plenum rationis et consilii, quem uocamus hominem, praeclara quadam condicione generatum esse a supremo deo. Solum est enim ex tot animantium generibus atque naturis particeps rationis et cogitationis, quom cetera sint omnia expertia. Quid est autem, non dicam in homine, sed in omni caelo atque terra, ratione diuinius? Quae quom adoleuit atque perfecta est, nominatur rite sapientia.

[23] Est igitur, quoniam nihil est ratione melius, eaque <est> et in homine et in deo, prima homini cum deo rationis societas. Inter quos autem ratio, inter eosdem etiam recta ratio [et] communis est: quae cum sit lex, lege quoque consociati homines cum dis putandi sumus. Inter quos porro est communio legis, inter eos communio iuris est. Quibus autem haec sunt inter eos communia, ei ciuitatis eiusdem habendi sunt. Si uero isdem imperiis et potestatibus parent, multo iam magis parent [autem] huic caelesti discriptioni mentique diuinae et praepotenti deo, ut iam uniuersus <sit> hic mundus una ciuitas communis deorum atque hominum existimanda. Et quod in ciuitatibus ratione quadam, de qua dicetur idoneo loco, agnationibus familiarum distinguuntur status, id in rerum natura tanto est magnificentius tantoque praeclarius, ut homines deorum agnatione et gente teneantur.

[22] ATTICO: - Prosegui, ti prego, che sto aspettando di sentire quale attinenza abbia ciò che ti ho concesso.

MARCO: - Non la farò lunga; riguarda infatti questo, che quell'essere previdente, sagace, multiforme, acuto, memore, pieno di ragione e di senno, che denominiamo uomo, è stato generato dal sommo dio in una certa condizione privilegiata; fra tanti generi e specie di esseri animati è infatti l'unico partecipe della ragione e del pensiero, mentre tutti gli altri ne sono privi. Che cosa infatti vi è, non dirò nell'uomo, ma in tutto il cielo e la terra di più divino della ragione?[53] Essa, quando è cresciuta ed è diventata perfetta, giustamente si chiama saggezza[54].

[23] Esiste dunque, dato che, dunque, non vi è nulla di meglio della ragione ed essa si trova sia nell'uomo sia nella divinità, come primo legame tra l'uomo e dio. E tra quelli fra i quali è comune la ragione, lo è pure la retta ragione; costituendo quest'ultima la Legge, noi uomini ci dobbiamo ritenere accomunati agli dèi anche dalla Legge. Tra coloro i quali vi è comunione di Legge, vi è pure comunione di diritto; e quelli che hanno fra di loro questi vincoli comuni, sono da ritenersi partecipi dello stesso Stato; se essi obbediscono ai medesimi poteri ed alle medesime autorità, ancor più essi obbediscono a questa disposizione celeste ed alla mente divina ed a dio onnipotente; sicché senza dubbio questo mondo intero è da considerare come un'unica città comune agli dèi ed agli uomini. Se negli Stati le classi si distinguono secondo un determinato criterio di cui si parlerà a suo luogo, in base ai rapporti di parentela, nell'ambito naturale ciò risulta tanto più straordinario e meraviglioso, in quanto gli uomini sono tenuti insieme dalla parentela e dalla stirpe degli dèi.

---

[53] Cfr. ARISTOTELE, *Metafisica*, I, 1.
[54] In CICERONE, *Dei Doveri*, I, 43 è detta la principale dote dell'animo, ed è grazie ad essa che gli uomini si accomunano e si associano fra loro.

[24] Nam cum de natura hominis quaeritur, <haec> disputari sole<n>t—<et> nimirum ita est, ut disputatur—perpetuis cursibus conuersionibus<que> caelestibus exstitisse quandam maturitatem serendi generis humani, quod sparsum in terras atque satum diuino auctum sit animorum munere, cumque alia quibus cohaererent homines e mortali genere sumpserint, quae fragilia essent et caduca, animum esse ingeneratum a deo. Ex quo uere uel agnatio nobis cum caelestibus uel genus uel stirps appellari potest. Itaque ex tot generibus nullum est animal praeter hominem quod habeat notitiam aliquam dei, ipsisque in hominibus nulla gens est neque tam mansueta neque tam fera, quae non, etiamsi ignoret qualem haberi deum deceat, tamen habendum sciat.

[25] Ex quo efficitur illud, ut is agnoscat deum, qui, unde ortus sit, quasi recordetur <ac> cognoscat. Iam uero uirtus eadem in homine ac deo est, neque alio ullo in gen<ere> praeterea. Est autem uirtus nihil aliud, nisi perfecta et ad summum perducta natura: est igitur homini cum deo similitudo. Quod cum ita sit, quae tandem esse potest proprior certiorue cognatio? Itaque ad hominum commoditates et usus tantam rerum ubertatem natura largita est, ut ea, quae gignuntur, donata consulto nobis, non fortuito nata uideantur, nec solum ea quae frugibus atque bacis terrae fetu profunduntur, sed etiam pecudes, qu<om> perspicuum sit <plerasque> esse ad usum hominum, partim ad fructum, partim ad uescendum, procreatas.

VIII.[24] Quando infatti s'indaga sulla natura umana, si è soliti spiegare - e senza dubbio è così, come vien dimostrato - che negli infiniti corsi e rivoluzioni degli astri si verificò una certa situazione favorevole alla procreazione del genere umano, il quale, sparso e diffuso sulla terra, sarebbe stato accresciuto del divino dono dell'anima; e mentre tutti gli elementi di cui sono composti gli uomini, derivano dalla loro natura mortale, perché sono elementi fragili e caduchi, l'anima invece fu generata da dio. Per questo in verità la nostra parentela con i celesti può essere chiamata o discendenza o stirpe. Fra così numerose specie non c'è alcun essere vivente oltre l'uomo, che abbia qualche conoscenza di Dio, né fra gli uomini stessi esiste alcun popolo né tanto mite né tanto selvaggio, il quale, pur ignorando quale dio convenga avere, tuttavia non sappia che sia necessario averlo[55].

[25] Da ciò deriva che conosce il Dio colui il quale quasi ricordi e riconosca dove egli nacque. Dunque la virtù è la medesima nell'uomo e nella divinità, ed al di fuori di essi non sussiste in alcun'altra specie. Inoltre la virtù altro non è se non la natura stessa portata al massimo della perfezione; esiste infatti una somiglianza tra l'uomo ed il dio. Così stando le cose, in definitiva quale parentela vi potrebbe essere più stretta e più certa? Di conseguenza la natura elargì per le comodità ed i pratici vantaggi dell'uomo tanta abbondanza di beni, che queste creature sembrano donateci deliberatamente, e non nate per caso, e non citiamo soltanto quelle ricchezze che vengono profuse dalla fecondità della terra con messi e con frutti, ma anche gli animali, essendo evidente che parte di essi sono stati procreati per l'utilità dell'uomo, parte affinchè egli li sfrutti, parte per nutrirlo.

---

[55] In sostanza Cicerone afferma che, dato che il nostro animo è immediatamente generato da Dio, da cui pure gli dèi inferiori sono stati generati, noi condividiamo con questi ultimi un padre comune (*agnatio*), siamo cioè due famiglie provenienti dallo stesso capostipite, membri dunque di una medesima stirpe, associati da reciproci doveri, che trovano una ragione d'essere nel nostro padre comune. È questo il concetto di fratellanza universale, per la prima volta espresso in Roma.

[26] Artes uero innumerabiles repertae sunt, docente natura, quam imitata ratio res ad uitam necessarias sollerter consecuta est.

Ipsum autem hominem eadem natura non solum celeritate mentis ornauit sed <ei> et sensus tamquam satellites attribuit ac nuntios, et rerum plurimarum obscuras nec satis <expressas> intellegentias enodauit, quasi fundamenta quaedam scientiae, figuramque corporis habilem et aptam ingenio humano dedit. Nam cum ceteras animantes abiecisset ad pastum, solum hominem erexit et ad caeli quasi cognationis domiciliique pristini conspectum excitauit, tum speciem ita formauit oris, ut in ea penitus reconditos mores effingeret.

[27] Nam et oculi nimis argute quem ad modum animo affecti simus, loquuntur et is qui appellatur uultus, qui nullo in animante esse praeter hominem potest, indicat mores, quoius uim Graeci norunt, nomen omnino non habent. Omitto opportunitates habilitatesque reliqui corporis, moderationem uocis, orationis uim, quae conciliatrix est humanae maxime societatis. Neque enim omnia sunt huius disputationis ac temporis, et hunc locum satis, ut mihi uidetur, in iis libris quos legistis, expressit Scipio. Nunc quoniam hominem, quod principium reliquarum rerum esse uoluit, <ita> generauit et ornauit deus, perspicuum <fi>t illud (ne omnia disserantur), ipsam per se naturam longius progredi, quae etiam nullo docente, profecta ab iis quorum ex prima et inchoata intellegentia genera cognouit, confirmat ipsa per se rationem et perficit.

[26] Ed anche innumerevoli procedimenti tecnici, furono escogitati grazie agli insegnamenti della natura; la ragione, imitandola attivamente, ottenne le cose necessarie alla vita.

IX. La stessa natura poi fornì all'uomo non soltanto l'agilità del pensiero, ma gli attribuì i sensi quasi come guide e messaggeri ed abbozzò la comprensione di moltissime cose, ancora oscura e non sufficientemente sviluppata, quasi come base della conoscenza, e gli diede una figura fisica flessibile e corrispondente all'umano ingegno. Avendo infatti tenuto gli altri animali rivolti in basso per cibarsi, soltanto all'uomo diede la posizione eretta e lo spinse quasi alla contemplazione del cielo, della sua parentela e della sua sede originaria; fu allora che ne conformò l'aspetto del volto, in modo tale da riprodurre l'abito morale riposto nel suo interno.

[27] Infatti gli occhi assai espressivi rivelano quali siano i sentimenti dell'animo, e quello che si chiama volto, che non può esistere in nessun essere vivente se non nell'uomo, indica il carattere, la cui forza è nota ai Greci, ma essi non hanno un termine preciso. Tralascio le attitudini ed i servizi delle restanti parti del corpo, la modulazione della voce, la forza della parola, che è il principale elemento di unione dell'umana società. Non tutto sarà oggetto di discussione in questo nostro incontro, e tale argomento fu già sufficientemente svolto, come sembra, da Scipione in quei libri che hai letto. Ora, poiché dio generò l'uomo arricchendolo di doti, perché egli volle che fosse il principio di tutto il resto, sia ben chiaro questo, al fine di non trattare tutto dettagliatamente, che la stessa natura progredisce di per sé; essa, anche senza alcun insegnamento, partendo da quei princìpi di cui conobbe le varie specie dalla prima ed iniziale nozione, ne rafforza e perfeziona autonomamente la razionalità.

[28] ATTICVS: Di immortales, quam tu longe iuris principia repetis! atque ita ut ego non modo ad illa non properem, quae exspectabam a te de iure ciuili, sed facile patiar te hunc diem uel totum in isto sermone consumere. Sunt enim haec maiora, quae aliorum causa fortasse conplecteris, quam ipsa illa, quorum haec causa praeparantur.

MARCVS: Sunt haec quidem magna, quae nunc breuiter attinguntur. Sed omnium quae in hominum doctorum disputatione uersantur, nihil est profecto praestabilius, quam plane intellegi, nos ad iustitiam esse natos, neque opinione sed natura constitutum esse ius. Id iam patebit, si hominum inter ipsos societatem coniunctionemque perspexeris.

[29] Nihil est enim unum uni tam simile, tam par, quam omnes inter nosmet ipsos sumus. Quodsi deprauatio consuetudinum, si opinionum ua<r>i<e>tas non inbecillitatem animorum torqueret et flecteret, quocumque c<u>pisset, sui nemo ipse tam similis esset quam omnes sunt omnium. Itaque quaecumque est hominis definitio, una in omnis ualet.

X.[28] ATTICO: - O dèi immortali, quanto lontano tu risali sino alla fonte originaria del diritto! Così io non soltanto non correrò dietro quello che mi attendevo da te intorno al diritto civile, ma sopporterò tranquillamente che tu trascorra questa giornata anche tutta intera in tale conversazione; infatti questi argomenti che intendi sviluppare forse per dimostrarne altri, sono più importanti di quelli per i quali tu prepari queste premesse.

MARCO: - Senza dubbio sono importanti quelli che ora vengono toccati brevemente. Ma di tutto ciò di cui si occupano le discussioni dei dotti, nulla è certamente più importante del capire chiaramente che noi siamo nati per la giustizia, e che il diritto non è stato fondato per una convenzione, ma dalla natura stessa[56]. E ciò sarà del tutto chiaro, se analizzerai la società ed il legame reciproco tra gli stessi uomini.

[29] Non esiste una sola cosa infatti tanto simile all'altra, tanto uguale, come siamo noi fra noi stessi. Che se la corruzione dei costumi o la varietà delle opinioni non deformasse e piegasse la debolezza degli animi, ovunque questa si indirizzasse, nessuno sarebbe tanto eguale a se stesso quanto lo sono tutti fra di loro[57]. Di conseguenza, qualunque sia la definizione di uomo, una sola è valida per tutti.

---

[56] Per Cicerone, in sostanza, il diritto ha un fondamento stabile ed eterno nella Natura e non nella volontà umana, che è mutevole ed incerta.

[57] Quindi, in breve, la Natura è sì debole, ma essenzialmente buona, e offre cattiva prova di se stessa solo quand'è rovinata da un'educazione inadeguata e da abitudini scorrette (Cfr. DANTE, *Paradiso*, VIII, 139-141: «*Sempre Natura, se Fortuna trova/ discorde a sé, com'ogni altra semente/ fuor di sua region, fa mala prova*».

[30] Quod argumenti satis est nullam dissimilitudinem esse in genere. Quae si esset, non una omnis definitio contineret. Etenim ratio, qua una praestamus beluis, per quam coniectura ualemus, argumentamur, refellimus, disserimus, conficimus aliquid, cun<ctis hominib>us certe est communis, doctrina differens, discendi quidem facultate par. Nam et sensibus eadem omni<um> conprehenduntur, et ea quae mouent sensus, itidem mouent omnium, quaeque in animis imprimuntur, de quibus ante dixi, inchoatae intellegentiae, similiter in omnibus imprimuntur, interpresque mentis oratio uerbis discrepat, sententiis congruens. Nec est quisquam gentis ullius, qui ducem naturam nactus ad uirtutem peruenire non possit.

[31] Nec solum in rectis, sed etiam in prauitatibus insignis est humani generis similitudo. Nam et uoluptate capiuntur omnes, quae etsi est inlecebra turpitudinis, tamen habet quiddam simile naturalis boni; le<n>itatis enim et suauitatis <specie> delectans, sic ab errore mentis tamquam salutare aliquid adsciscitur, similique inscitia mors fugitur quasi dissolutio naturae, uita expetitur, quia nos in quo nati sumus continet, dolor in maximis malis ducitur, cum sua asperitate, tum quod naturae interitus uidetur sequi;

[30] Questa è la prova sufficiente del fatto che non sia presente alcuna differenza nella specie, poiché se essa vi fosse, un'unica definizione non comprenderebbe tutti. Del resto la ragione, con la quale ci differenziamo dai bruti, per mezzo della quale possiamo congetturare, argomentare, controbattere, discutere, eseguire qualsiasi cosa, è certamente comune a tutti gli uomini, differente per costituzione, ma eguale quanto a capacità di apprendere. Infatti gli oggetti in maniera identica per tutti vengono afferrati dai sensi, e quelle cose che colpiscono i sensi, allo stesso modo sollecitano i sensi di tutti; inoltre quelle nozioni iniziali, di cui ho già parlato, e che si imprimono negli animi, in egual modo si imprimono in tutti. Infine il linguaggio, interprete dell'intelletto, differisce quanto alle parole, ma concorda nei concetti; né vi è qualcuno tra gli individui, che, una volta assunta la natura quale guida, non possa giungere alla virtù.

XI. [31] E non soltanto nelle azioni oneste, ma anche nelle perversioni la somiglianza degli esseri umani è sorprendente. Tutti infatti si lasciano prendere dal piacere, il quale pur essendo un allettamento per l'immoralità, tuttavia ha qualche somiglianza con un bene naturale; infatti poiché offre godimento con la sua leggerezza e piacevolezza, in tal maniera è accolto dalla mente malata come un qualcosa di salutare; e per analoga ignoranza si evita la morte, quasi fosse un dissolvimento della natura, e si desidera la vita, perché ci mantiene nello stato in cui siamo nati; il dolore è annoverato tra i mali più gravi, sia per la sua asprezza, sia perché si ha l'impressione che da esso derivi la distruzione della natura;

[32] propterque honestatis et gloriae similitudinem beati, qui honorati sunt, uidentur, miseri autem, qui sunt inglorii. Molestiae, laetitiae, cupiditates, timores similiter omnium mentes peruagantur, nec si opiniones aliae sunt apud alios, idcirco qui canem et felem ut deos colunt, non eadem superstitione qua ceterae gentes conflictantur. Quae autem natio non comitatem, non benignitatem, non gratum animum et beneficii memorem diligit? Quae superbos, quae maleficos, quae crudeles, quae ingratos non aspernatur, non odit? Quibus ex rebus cum omne genus hominum sociatum inter se esse intellegatur, illud extremum est, [. . . .] quod recte uiuendi ratio meliores efficit. Quae si adprobatis, pergam<us> ad reliqua; sin quid requiritis, id explicemus prius.

ATTICVS: Nos uero nihil, ut pro utroque respondeam.

[33] MARCVS: Sequitur igitur ad participandum alium <cum> alio communicandumque inter omnes ius <n>os natura esse factos. Atque hoc in omni hac disputatione sic intellegi uolo, quo<m> dicam naturam [esse]; tantam autem esse corruptelam malae consuetudinis, ut ab ea tamquam igniculi exstinguantur a natura dati, exorianturque et confirmentur uitia contraria. Quodsi, quo modo s<un>t natura, sic iudicio homines 'humani, ut ait poeta, nihil a se alienum putarent', coleretur ius aeque ab omnibus. Quibus enim ratio <a> natura data est, isdem etiam recta ratio data est; ergo et lex, quae est recta ratio in iubendo et uetando; si lex, ius quoque; et omnibus ratio. Ius igitur datum est omnibus, recteque Socrates exsecrari eum solebat qui primus utilitatem a <iure> seiunxisset; id enim querebatur caput esse exitiorum omnium. Vnde enim illa Pythagorea uox, [de amicitia locus]: <ut unus fiat ex pluribus.>

[32] e per analogia con la stima e la gloria sono ritenuti felici coloro che vengono onorati, ed al contrario infelici quelli che sono degli sconosciuti. Le afflizioni e le gioie, le brame ed i timori in maniera identica si aggirano nella mente di tutti, mentre questi, se le opinioni sono diverse dagli uni agli altri, come per esempio quelli che venerano un cane e un gatto come dèi[58], non sono afflitti da un pregiudizio uguale a quello degli altri popoli. Quale gente, poi, non ama l'affabilità, la benevolenza, la gratitudine e il ricordo di un beneficio? E quale non odia e disprezza i superbi, i malvagi, i crudeli, gli ingrati? Dunque poiché il genere umano comprende di essere reciprocamente accomunato da questi sentimenti, la conclusione finale è che la norma di una vita retta rende migliori[59]. Se siete d'accordo su questo punto, andiamo pure avanti con le altre questioni; ma se avete qualcosa da chiedere, spieghiamola prima.

ATTICO: - Per rispondere per tutti e due, non avremmo alcuna domanda.

XII. [33] MARCO: - Ne consegue che siamo così fatti dalla Natura, per essere partecipi del diritto e comunicarcelo tra tutti, gli uni con gli altri. E questo, nel corso di tutta questa discussione, vorrei che si intendesse in questo senso, quando dico che si tratta della natura stessa; e che la corruzione derivante dal cattivo comportamento è così grande che si estinguono quelle scintille dateci dalla natura, e invece sorgono e si rafforzano i vizi contrari. Che se gli uomini nel loro giudizio agissero tutti secondo il principio che la natura è comune in tutti, e, come dice il poeta, «nulla di umano ritenessero loro estraneo»[60], il diritto sarebbe rispettato in eguale misura da tutti. A quegli stessi individui infatti, che dalla natura fu concessa la ragione, fu pure data la retta ragione, cioè la legge, che è retta ragione nel comandare e nel vietare; e se è loro data la legge, lo è anche il diritto. Quindi il diritto è dato a tutti, e giustamente Socrate insisteva nell'esecrare colui che per primo aveva disgiunto l'utilità dal diritto[61]; lamentava infatti che ciò era l'origine di ogni rovina. Di qui quel detto pitagorico, [un passo sull'amicizia]: [perché uno solo emerga fra i più][62].

---

[58] Allude agli Egizi, che adoravano Anubi (dio dal corpo umano e la testa di sciacallo) e Bastet (corpo di donna e capo di gatta).

[59] Sostiene insomma Cicerone che gli uomini hanno in comune buone e cattive qualità, le prime trovano rifugio e forza d'essere nella giustizia, nel diritto, nella virtù, nella Natura e nella ragione, le seconde devono essere corrette, per fare in modo che la società umana non sii disgreghi.

[60] È un verso di TERENZIO, *Heautontim.*, I, 1, 25, dove Menedemo esorta il vecchio Cremete a riposarsi un po' dal continuo lavoro.

[61] CLEMENTE ALESSANDRINO, *Stromati*, II, 23.

[62] Secondo DIOGENE LAERZIO, *Vite e dottrine dei più celebri filosofi*, VIII, 10, Pitagora insegnava che tra gli amici tutto doveva essere in comune.

[34] . . . Ex quo perspicitur, quom hanc beniuolentiam tam late longeque diffusam uir sapiens in aliquem pari uirtute praeditum contulerit, tum illud effici (quod quibusdam incredibile uideatur, sit autem necessarium) ut <non> in ill<o> sese plus quam alterum diligat: quid enim est quod differat, quom sint cuncta paria? Quod si interesse quippiam tantulum modo potuerit in <ea>, iam amicitiae nomen occiderit, cuius est ea uis ut simul atque sibi aliquid <esse> alter maluerit, nulla sit.

Quae praemuniuntur omnia reliquo sermoni disputationique nostrae, quo facilius ius in natura esse positum intellegi possit. De quo quom perpauca dixero, tum ad ius ciuile ueniam, ex quo haec omnis est nata oratio.

QVINTVS: Tu uero iam perpauca scilicet. Ex his enim quae dixisti, <etsi aliter> Attico, uidetur mihi quidem certe ex natura ortum esse ius.

[35] ATTICVS: An mihi aliter uideri possit, cum haec iam perfecta sint, primum quasi muneribus deorum nos esse instructos et ornatos, secundo autem loco unam esse hominum inter ipsos uiuendi parem communemque rationem, deinde omnes inter se naturali quadam indulgentia et beniuolentia, tum etiam societate iuris contineri? quae quom uera esse, recte ut arbitror, concesserimus, qui iam licet nobis a natura leges et iura seiungere?

[34] ... dal che si vede che, quando una persona saggia riversi questa benevolenza, che è tanto diffusa, su qualcuno dotato di pari qualità, si verifica allora - cosa che ad alcuni può apparire incredibile, ma è inevitabile - che egli non ami affatto se stesso più dell'altro; che differenza rimarrebbe, se esistesse una assoluta eguaglianza di tutto? Che se nell' amicizia potesse sussistere una benché minima differenza, sparirebbe il nome stesso dell'amicizia, la cui natura è tale, che essa si annulla del tutto non appena uno dei due preferisca per sé qualcosa di diverso dall'altro. Ometto tutti i dettagli che anticipano questa conversazione e discussione, mediante i quali si potrebbe più facilmente intendere che il diritto è insito nella natura. Ed appena avrò dette pochissime parole su di ciò, verrò a quel diritto civile, da cui è nato tutto questo discorso.

XIII [35] QUINTO: - Certamente pochissime cose avrai ormai da aggiungere. Da quanto infatti hai detto, [non so se Attico la pensi diversamente], a me in verità sembra con certezza che il diritto sia originato dalla natura[63].

ATTICO: - Ed a me potrebbe forse sembrare diversamente, dal momento che questi principii si sono radicati compiutamente, in primo luogo che noi siamo stati quasi forniti e arricchiti dei doni degli dèi, secondariamente che un'unica uguale e comune norma di vita vi è tra gli uomini, e inoltre, che tutti sono tenuti insieme tra di loro da una certa naturale comprensione e benevolenza, ed anche dal vincolo associativo del diritto? Ed avendo già ammesso giustamente, ci sembra, la verità di queste premesse, come potremmo ormai legittimamente separare le leggi ed i diritti dalla natura?

---

[63] Stoccata benevola ad Attico, che – in quanto favorevole all'Epicureismo – riteneva il diritto una pura convenzione umana.

[36] MARCVS: Recte dicis, et res se sic habet. Verum philosophorum more, non ueterum quidem illorum, sed eorum qui quasi officinas instruxerunt sapientiae, quae fuse olim disputabantur ac libere, ea nunc articulatim distincta dicuntur. Nec enim satis fieri censent huic loco qui nunc est in manibus, nisi separatim hoc ipsum, <a> natura esse ius, disputarint.

ATTICVS: Et scilicet tua libertas disserendi amissa est, aut tu is es qui in disputando non tuum iudicium sequaris, sed auctoritati aliorum pareas!

[37] MARCVS: Non semper, Tite, sed iter huius sermonis quod sit, uides: ad res publicas firmandas et ad stabiliend<o>s <mo>res sanandos<que> populos omnis nostra pergit oratio. Quocirca uereor committere ut non bene prouisa et diligenter explorata principia ponantur, nec tamen <spero fore> ut omnibus probentur— nam id fieri non potest—, sed ut eis qui omnia recta atque honesta per se expetenda duxerunt, et aut nihil omnino in bonis numerandum nisi quod per se ipsum laudabile esset, aut certe nullum habendum magnum bonum, nisi quod uere laudari sua sponte posset:

[38] iis omnibus, siue in Academia uetere cum Speusippo, Xenocrate, Polemone manserunt, siue Aristotelem et Theophrastum, cum illis congruentes re, genere docendi paulum differentes, secuti sunt, siue, ut Zenoni uisum est, rebus non commutatis immutauerunt uocabula, siue etiam Aristonis difficilem atque arduam, sed iam tamen fractam et conuictam sectam secuti sunt, ut uirtutibus exceptis atque uitiis cetera in summa aequalitate ponerent: iis omnibus haec quae dixi prob<e>ntur.

[36] MARCO: - Dici bene, e la cosa sta per l'appunto così. Ma secondo il modo dei filosofi, non già di quelli antichi, [bensì] di coloro i quali attrezzarono quasi dei laboratori della sapienza, si trattano adesso punto per punto quegli argomenti che un tempo venivano discussi senza ordine e liberamente. Nè essi ritengono che si possa in maniera soddisfacente trattare quell'argomento, al quale ora ci stiamo dedicando, senza prendere analiticamente in esame questo principio, ovverosia che il diritto sussiste per natura.

ATTICO: - Ed allora anche la tua libertà di discutere è andata persa, o meglio, tu non segui il tuo personale giudizio nella discussione, ma obbedisci all'autorità degli altri!

[37] MARCO: - Non sempre, Tito; ma tu vedi qual è l'andamento di questa conversazione: tutto il nostro discorso tende a rafforzare gli Stati, a consolidarne i costumi ed a risanare i popoli. Per questo, appunto, temo di far sì che si pongano delle premesse non esattamente valutate e diligentemente esaminate, né tuttavia spero che esse siano accettate da tutti - infatti ciò sarebbe impossibile -, ma da da parte di coloro i quali ritennero che tutto ciò che è giusto ed onesto dovesse essere perseguito di per se stesso, e che o non si dovesse affatto annoverare tra i beni, se non ciò che di per se stesso sia degno di lode.

[38] Inoltre, spero siano accettate da tutti quelli che o rimasero nell'antica Accademia[64] con Speusippo, Senocrate, Polemone, ovvero dai seguaci di Aristotele e di Teofrasto che sostanzialmente concordano con i primi, nonostante qualche lieve differenza nel modo d'insegnarlo, ovvero da quanti, come sembrò a Zenone, lasciando immutate le cose cambiarono i termini, ovvero da coloro che seguirono quell'astrusa e difficile scuola di Aristone, che tuttavia è già in crisi e confutata, ponendo essa tutto sul medesimo piano, eccezion fatta delle virtù e dei vizi: da tutti quelli vorrei che venissero accettate queste idee che io ho esposto.

---

[64] L'*Academia* propriamente detta era un *gymnasium* sulle rive del fiume Cefiso, a sei stadi da Atene, abbellito da Cimone con viali, platani, olivi e statue. Qui Platone teneva le proprie lezioni ed il luogo fu chiamato *Academia* perché consacrato all'eroe Academo. L'attività dell'Accademia si suddivide in tre periodi: l'*antica*, fondata da Speusippo e Senocrate, discepoli di Platone; la *media*, rifondata da Arcesilao (e durata dal 315 al 241 a.C.); la *nuova*, fondata da Carneade (attiva dal 213 al 129 a.C.).

[39] Sibi autem indulgentes et corpori deseruientes atque omnia quae sequantur in uita quaeque fugiant uoluptatibus et doloribus ponderantes, etiam si uera dic<a>nt—nihil enim opus est hoc loco litibus—, in hortulis suis iubeamus dicere, atque etiam ab omni societate rei publicae, cuius partem nec norunt ullam neque umquam nosse uoluerunt, paulisper facessant rogemus. Perturbatricem autem harum omnium rerum Academiam, hanc ab Arcesila et Carneade recentem, exoremus ut sileat. Nam si inuaserit in haec, quae satis scite nobis instructa et composita uidentur, nimias edet ruinas. Quam quidem ego placare cupio, submouere non audeo. . . . . . .

[40] Nam etiam sine illius suffimentis expiati sumus. At uero scelerum in homines atque <in deos> inpietatum nulla expiatio est. Itaque poenas luunt, non tam iudiciis—quae quondam nusquam erant, hodie multifariam nulla sunt, ubi <sunt> tamen, persaepe falsa sunt—<a>t eos agitant insectanturque furiae, non ardentibus taedis sicut in fabulis, sed angore conscientiae fraudisque cruciatu. Quodsi homines ab iniuria poena, non natura arcere deberet, quaenam sollicitudo uexaret impios sublato suppliciorum metu? Quorum tamen nemo tam audax umquam fuit, quin aut abnuer<e>t a se commissum esse facinus, aut iusti sui doloris causam aliquam fingeret, defensionemque facinoris a naturae iure aliquo quaereret. Quae si appellare audent impii, quo tandem studio colentur a bonis? Quodsi poena, si metus supplicii, non ipsa turpitudo deterret ab iniuriosa facinerosaque uita, nemo est iniustus, a<t> incauti potius habendi sunt inprobi.

[39] Quanto poi a quelli che sono indulgenti con se stessi e che sono schiavi del proprio corpo, e che tutto ciò, che cerchino o fuggano in questa vita, valutano col metro del piacere e del dolore, anche ammesso che dicano delle verità- infatti non c'è bisogno di polemiche su questo argomento -, lasciamoli predicare nei loro giardinetti ed anche preghiamoli di farsi un poco da parte da ogni sorta di associazione politica, di cui né conoscono un partito né mai vollero conoscerne uno. E preghiamo anche di tacere questa nuova Accademia, fondata da Arcesilao e Carneade, creatrice di confusione in tutti questi argomenti; che se facesse irruzione tra questi temi, che ci pare siano stati da noi preparati ed ordinati abbastanza saggiamente, provocherebbe grandi disatri. Ma io desidero solamente placarla, non oserei spazzarla via...

XIV [40] Infatti anche in ciò ci siamo purificati senza le sue fumigazioni; ma delle colpe contro gli uomini e delle empietà contro gli dèi non vi è espiazione che valga. Così ne pagano la pena non tanto con processi – che un tempo non esistevano nemmeno, oggi poi non esistono sotto molti aspetti, e là dove vi sono, sono assai spesso fittizi –, ma li perseguitano e li incalzano le Furie non già con delle fiaccole ardenti, come nelle tragedie, ma con i rimorsi della coscienza ed il tormento della colpa. Se non fosse la Natura, ma invece il castigo a dover tenere gli uomini lontani dalla colpa, quale inquietudine tormenterebbe i malvagi una volta eliminato il timore della punizione? Eppure non vi fu mai tra quelle persone qualcuno tanto sfrontato da negare di aver commesso egli una colpa o da inventare un pretesto qualsiasi per un suo legittimo risentimento, oppure ancora ricercare una difesa della sua colpa in qualche diritto naturale. Se gli improbi osano far ricorso a questo, con quale ardore non sarà allora rispettato dagli onesti? Che se la punizione, il terrore del supplizio, e non la vergogna in se stessa allontanasse dalla vita scellerata e colpevole, nessuno più sarebbe ingiusto, o meglio essi dovrebbero essere considerati piuttosto imprudenti che disonesti[65].

---

[65] In buona sostanza, l'esistenza della legge naturale è confermata dalla coscienza umana: dai malvagi, quando si appellano alla Natura per giustificare le loro colpe, e dai buoni, con l'evitare che si commetta delitto non tanto per timore di un castigo, ma per intimo comando della Natura stessa.

[41] Tum autem qui non ipso honesto mouemur ut boni uiri simus, sed utilitate aliqua atque fructu, callidi sumus, non boni. Nam quid faciet is homo in tenebris qui nihil timet nisi testem et iudicem? Quid in deserto quo loco nactus, quem multo auro spoliare possit, imbecillum atque solum? Noster quidem hic natura iustus uir ac bonus etiam conloquetur, iuuabit, in uiam deducet. Is uero qui nihil alterius causa faciet et metietur suis commodis omnia, uidetis, credo, quid sit acturus! Quodsi negabit se illi uitam erepturum et aurum ablaturum, numquam ob eam causam negabit quod id natura turpe iudicet, sed quod metuat ne emanet, id est ne malum habeat. O rem dignam, in qua non modo docti, sed etiam agrestes erubescant!

[41] Inoltre, quando non siamo indotti dall'onestà in sé stessa ad essere onesti, ma da qualche vantaggio e guadagno, siamo furbi, ma non buoni; che cosa infatti sarebbe in grado di fare nell'oscurità quell'individuo che non teme altro, tranne i testimoni ed i giudici? Che cosa succederebbe, se in un luogo deserto si imbattesse in una persona sola e debole, cui possa rapinare una grossa quantità di oro? Ma questo nostro uomo giusto e buono per natura gli rivolgerà la parola, lo aiuterà, lo metterà sulla strada buona; mentre colui che non farebbe nulla a vantaggio di un altro e misurerebbe tutto in base al proprio tornaconto, voi capite bene, credo, che cosa sarebbe pronto a fare. Del resto, anche se dirà che non gli toglierebbe la vita, né gli porterebbe via l'oro, non lo dirà certo mai per il fatto che la natura stessa giudica ciò una cosa vergognosa, ma perché non ne scaturisca ciò che teme, cioè di subirne un danno[66]. Oh magnifico argomento, degno di far arrossire non soltanto i filosofi, ma i persino contadini!

---

[66] Si presti attenzione: poiché le leggi buone non *imponuntur* (non sono imposte con la forza), ma sono *dantur* (sono date, offerte), il verbo usato da Cicerone, «*imponere*», implica l'idea fondamentale di illegittima costrizione.

[42] Iam uero illud stultissimum, existimare omnia iusta esse quae s<c>ita sint in populorum institutis aut legibus. Etiamne si quae leges sint tyrannorum? Si triginta illi Athenis leges inponere uoluissent, et si omnes Athenienses delectarentur tyrannicis legibus, num idcirco eae leges iustae haberentur? Nihilo credo magis illa quam interrex noster tulit, ut dictator quem uellet ciuium <nominatim> aut indicta causa inpune posset occidere. Est enim unum ius quo deuincta est hominum societas et quod lex constituit una, quae lex est recta ratio imperandi atque prohibendi. Quam qui ignorat, is est iniustus, siue est illa scripta uspiam siue nusquam. Quodsi iustitia est obtemperatio scriptis legibus institutisque populorum, et si, ut eidem dicunt, utilitate omnia metienda sunt, negleget leges easque perrumpet, si poterit, is qui sibi eam rem fructuosam putabit fore. Ita fit ut nulla sit omnino iustitia, si neque natura est <et> ea quae propter utilitatem constituitur utilitate <a>lia conuellitur.

XV. [42] Ed ancora una tra le maggiori sciocchezze è il considerare giusto tutto quanto si ritrova nel costume e nelle leggi dei popoli. Forse vi sarebbe lo stesso atteggiamento anche se alcune leggi fossero quelle dei tiranni?[67] Se quei famosi trenta personaggi avessero voluto imporre ad Atene delle leggi, o se tutti gli Ateniesi fossero stati soddisfatti di leggi tiranniche, forse per questo quelle leggi sarebbero considerate giuste? Non più giuste, credo, di quella che fu presentata da quel nostro interré[68], in virtù della quale il dittatore potesse impunemente mettere a morte chiunque volesse dei cittadini senza che fosse stato condannato o processato. Unico infatti è il diritto dal quale è unita la società umana, ed unica la legge che lo fonda, legge che corrisponde alla retta norma del comandare e del vietare. Colui che la ignora, è ingiusto, sia essa quella scritta in qualche testo oppure no. Infatti se la giustizia consistesse nell'ottemperanza alle leggi scritte ed ai costumi dei popoli, e se, come dicono sempre quei medesimi dotti citati, tutto dovesse misurarsi in base all'utilità, ignorerà quelle leggi e le infrangerà, se gli sarà possibile, colui il quale giudicherà una tale situazione vantaggiosa per lui. Ne consegue così che non sussiste affatto giustizia, ove essa non sussista per natura; e quella che viene costituita a scopo di utilità, dall'utilità essa viene completamente sradicata.

---

[67] Concetto della massima importanza: può un governo illegittimo rovesciare quanto contenuto nella Costituzione, cioè la suprema *lex* stabilita dal popolo nei comizi su proposta di un alto magistrato? Evidentemente no, pena la sconfessione del concetto stesso di democrazia.

[68] Magistrato con funzione provvisoria, in sostituzione momentanea dei consoli, nel caso specifico allude a Lucio Valerio Flacco, *interrex* nell'80 a.C., ce stabilì che ogni frase pronunciata da Silla avesse valore e forza di legge, nonostante fosse in disaccordo con la Costituzione (cfr. lo scoliaste GRONOVIANO, *De oratione pro Roscio Amerino*, cap. 43. «Il pretore Valerio Flacco visse ai tempi di Silla. Egli propose la seguente legge: qualunque cosa Silla avesse detto, questa doveva avere forza di legge, come se essa fosse stata già presentata al popolo e come tale sarebbe valsa in qualità i Legge Cornelia, in quanto voluta da [Cornelio] Silla»).

[43] Atqui si natura confirmatura ius non erit, uirtutes omnes tollantur. Vbi enim liberalitas, ubi patriae caritas, ubi pietas, ubi aut bene merendi de altero aut referendae gratiae uoluntas poterit existere? Nam haec nascuntur ex eo quod natura propensi sumus ad diligendos homines, quod fundamentum iuris est. Neque solum in homines obsequia, sed etiam in deos caerimoniae religionesque toll<e>ntur, quas non metu, sed ea coniunctione quae est homini cum deo conseruandas puto. Quodsi populorum iussis, si principum decretis, si sententiis iudicum iura constituerentur, ius esset latrocinari, ius adulterare, ius testamenta falsa supponere, si haec suffragiis aut scitis multitudinis probarentur.

[43] E se la natura non fosse pronta a dar forza al diritto, tutti i valori sarebbero annullati. Dove infatti potrebbe ancora esistere la generosità, l'amor di patria, la pietà, dove il desiderio di rendersi benemerito verso qualcuno o di dimostrare gratitudine? Appare chiaro che questi sentimenti nascono dal fatto che siamo naturalmente inclini ad amare gli uomini, e questo costituisce il fondamento del diritto. E non soltanto si eliminerebbe il rispetto verso gli uomini, ma anche il culto ed i riti verso gli dèi, che penso debbano essere conservati non già per timore, ma per quel legame che unisce l'uomo alla divinità.

XVI. Se infatti il diritto fosse costituito sulla base dei decreti del popolo, degli editti dei prìncipi, delle sentenze dei giudici, sarebbe un diritto il rubare, commettere adulterio, falsificare testamenti, ove tali azioni venissero approvate dal voto o dal decreto della massa.

[44] Quodsi tanta potestas est stultorum sententiis atque iussis, ut eorum suffragiis rerum natura uertatur, cur non sanciunt ut quae mala perniciosaque sunt, habeantur pro bonis et salutaribus? Aut <cur> cum ius ex iniuria lex facere possit, bonum eadem facere non possit ex malo? Atqui nos legem bonam a mala nulla alia nisi natura<e> norma diuidere possumus. Nec solum ius et <in>iuria natura diiudicatur, sed omnino omnia honesta et turpia. Nam, <ut> communis intellegentia nobis notas res eff<e>cit easque in animis nostris inchoauit, honesta in uirtute ponuntur, in uitiis turpia.

[45] Haec autem in opinione existimare, non in natura posita, dementis est. Nam nec arboris nec equi uirtus quae dicitur (in quo abutimur nomine) in opinione <po>sita est, sed in natura. Quod si ita est, honesta quoque et turpia natura diiudicanda sunt. Nam si opinione uniuersa uirtus, eadem eius etiam partes probarentur. Quis igitur prudentem et, ut ita dicam, catum non ex ipsius habitu sed ex aliqua re externa iudicet? Est enim uirtus <boni alicuius> perfecta ratio, quod certe in natura est: igitur omnis honestas eodem modo.

Nam ut uera et falsa, ut consequentia et contraria sua sponte, non aliena iudicantur, sic constans et perpetua ratio uitae, quae uirtus est, itemque inconstantia, quod est uitium, sua natura proba<b>i<tur>; nos ingenia i<udice>m<us> non item?

[44] Se tanto grande è il potere delle decisioni e degli ordini degli incompetenti, da sovvertire la natura stessa con i loro voti, perché non sanciscono che vengano ritenute per buone e salutari quelle cose che sono cattive e dannose? O perché, mentre la legge può trasformare in diritto l'ingiustizia, non potrebbe essa stessa trasformare il male in bene? Purtroppo noi non possiamo distinguere la legge buona dalla cattiva secondo nessuna altra norma se non quella di natura; e la natura non discrimina soltanto ciò che è giusto dall'ingiusto, ma in generale tutto quanto è onesto e disonesto. Dal momento infatti che la comune intelligenza umana[69] ci ha fatto conoscere le cose e le ha abbozzate nel nostro animo, si annoverino tra le virtù le azioni oneste e tra i vizi le disoneste.

[45] Ritenere che esse dipendono dall'opinione e non dalla natura, è da pazzi. Infatti né quella che si può chiamare, pur abusando del nome, la virtù di una pianta né quella di un cavallo, sta nella opinione degli uomini, ma nella natura; e se così è, anche l'onesto ed il disonesto dovranno essere distinti per natura. Se infatti la virtù in generale fosse considerata in base all'opinione, in base alla medesima lo sarebbero anche le sue parti. Ma chi dunque giudicherebbe un individuo prudente e, per così dire, accorto, non in base al suo intrinseco carattere, ma da qualche elemento esteriore? Infatti è la virtù la ragione assolutamente perfetta, il che sussiste certamente in natura; e dunque lo stesso accade per l'onestà in generale[70].

XVII. Come infatti il vero e il falso, ciò che è logico ed il suo contrario, vengono giudicati per sé stessi e non per ragioni esterne, così quella norma coerente ed eterna di vita, che è la virtù, e del pari l'incoerenza, che è il vizio, la loro stessa natura li definisce; e forse noi non giudicheremo in egual modo l'indole delle persone ?

---

[69] È il νόος κοινός degli Stoici che si trova in tutti gi esseri razionali, e grazie al quale essi, come guidati da una conoscenza primigenia, distinguono spontaneamente il bene dal male.

[70] Cioè tutti gli esseri, sia riguardo al genere sia riguardo alla specie, sono uguali, però la loro bontà e perfezione (*virtus*) talvolta è più sviluppata in uno piuttosto che nell'altro. Questo fatto non dipende affatto dall'opinione bensì dalla Natura stessa, che per ragioni speciali, fisiologiche o psichiche, manifesta la sua azione in grado diverso e a seconda degli esseri.

[46] An ingenia natura, uirtutes et uitia quae existunt ab ingeniis, aliter iudicabuntur? An ea <si> non aliter, honesta et turpia non ad naturam referri necesse erit? <Si> quod laudabile bonum est, in se habeat quod laudetur, necesse est; ipsum enim bonum non est opinionibus, sed natura. Nam ni ita esset, beati quoque opinione esse<mus>, quo quid dici potest stultius? Quare quom et bonum et malum natura iudicetur, et ea sint principia naturae, certe honesta quoque et turpia simili ratione diiudicanda et ad naturam referenda sunt.

[47] Sed perturbat nos opinionum uarietas hominumque dissensio, et quia non idem contingit in sensibus, hos natura certos putamus; illa quae aliis sic, aliis secus, nec isdem semper uno modo uidentur, ficta esse dicimus. Quod est longe aliter. Nam sensus nostros non parens, non nutrix, non magister, non poeta, non scaena deprauat, non multitudinis consensus abducit. At uero animis omnes tenduntur insidiae, uel ab iis quos modo enumeraui qui teneros et rudes quom acceperunt, inficiunt et flectunt ut uolunt, uel ab ea quae penitus in omni sensu implicata insidet, imitatrix boni uoluptas, malorum autem mater omnium; quoius blanditiis corrupti, quae natura bona sunt, quia dulcedine hac et scabie carent, non cern<imus> satis.

[46] Forse si giudicheranno le indoli in base alla loro natura, ed in altro modo le virtù ed i vizi, che provengono dalle indoli? Oppure non altrimenti che in base alla natura, sarà necessario rapportare ad essa le azioni oneste e le disoneste? Ciò che è un bene apprezzabile, di necessità avrà in sé di che essere apprezzato; il bene in sè stesso non sta nelle opinioni, ma nella natura, perché se non fosse così, si sarebbe felici anche soltanto per opinione; ma quale sciocchezza più si potrebbe dire? Quindi essendo il bene ed il male giudicati in base alla natura, ed essendo essi principi fondamentali della natura, senza dubbio anche l'onesto ed il disonesto devono essere giudicati con un criterio analogo e riferiti alla natura[71].

[47] Ma ciò che ci mette in difficoltà è la varietà di opinioni ed il disaccordo tra gli uomini, e poiché lo stesso non accade per i sensi, questi li consideriamo naturalmente sicuri, mentre chiamiamo immaginario quanto appare agli uni in un modo, agli altri in un altro, ed ai medesimi non sempre nella stessa maniera. Cosa in realtà ben diversa. Né il padre, infatti, né la balia, né il maestro, né il poeta, né il teatro corrompono i nostri sensi, né li allontana dal vero il consenso della folla; ma all'anima si tendono ogni sorta di insidie o da parte di coloro che ho menzionato poco fa, che dopo averci ricevuti ancor teneri e inesperti, ci formano e piegano come vogliono, o da parte di quel plagiatore del bene, ma padre di tutti i mali, il piacere, che se ne sta profondamente avvolto in mezzo a tutti i sensi; corrotti dalle cui blandizie che per natura sono beni, poiché sono privi di questo dolce male, noi non li scorgiamo interamente.

---

[71] L'essenza del bene e del male non dipende dalle decisioni di una autorità umana, poiché essi sono tali per loro natura intrinseca, per esempio il vizio, che biasimiamo, e la virtù, che lodiamo, hanno implicita in se stessi la ragione del biasimo o della lode e quindi noi, biasimando il vizio o lodando la virtù, non facciamo altro che riconoscere *oggettivamente* ciò che è bene e ciò che è male, non in base a vane opinioni, ma alla loro stessa natura (cfr. CICERONE, *Fin.* 3, 8; 2, 45).

[48] Sequitur (ut conclusa mihi iam haec sit omnis oratio), id quod ante oculos ex iis est quae dicta sunt, et ius et omne honestum sua sponte esse expetendum. Etenim omnes uiri boni ipsam aequitatem et ius ipsum amant, nec est uiri boni errare et diligere quod per se non sit diligendum: per se igitur ius est expetendum et colendum. Quod si ius, etiam iustitia; sin ea, reliquae quoque uirtutes per se colendae sunt. Quid? Liberalitas gratuitane est an mercennaria? Si sine praemio benignus est, gratuita; si cum mercede, conducta. Nec est dubium quin is qui liberalis benignusue dicitur, officium non, fructum sequatur. Ergo item iustitia nihil expetit praemii, nihil pretii: per se igitur expetitur eademque omnium uirtutum causa atque sententia est.

[49] Atque etiam si emolumentis, non <sua> sponte uirtus expetitur, una erit uirtus quae malitia rectissime dicetur. Vt enim quisque maxume ad suum commodum refert, quaecumque agit, ita minime est uir bonus, <sic> qui uirtutem praemio metiuntur, nullam uirtutem nisi malitiam put<a>nt. Vbi enim beneficus, si nemo alterius causa benigne facit? Vbi gratus, si non <tu>m ipsi cernunt<ur> grati, quo<m> referunt gratiam? Vbi illa sancta amicitia, si non ipse amicus per se amatur toto pectore, ut dicitur? Qui etiam deserendus et abiciendus est, desperatis emolumentis et fructibus; quo quid potest dici immanius? Quodsi amicitia per se colenda est, societas quoque hominum et aequalitas et iustitia per se expetenda. Quod ni ita est, omnino iustitia nulla est. Id enim iniustissimum ipsum est, iustitiae mercedem quaerere.

XVIII. [48] Giunto ormai alla fine ormai tutto questo discorso, ne consegue quello che già è stato messo in evidenza da quanto abbiamo detto, cioè che il giusto e tutto ciò che è onesto deve essere perseguito spontaneamente. Infatti tutti i galantuomini amano l'equità e il diritto di per se stessi e non si addice alla persona dabbene sbagliare ed amare ciò che di per sé non sarebbe da amare. Si deve quindi ricercare e rispettare il diritto di per se stesso. Se così è per il diritto, lo è anche per la giustizia; e se lo è per essa, pure tutte le altre virtù sono da coltivare di per se stesse. Perché mai? La generosità è gratuita o a pagamento? Se è senza ricompensa, essa allora è benevola e gratuita; se a pagamento è una prestazione comperata, e non vi è dubbio che colui che è detto generoso e benevolo, abbia di mira il proprio dovere, e non il proprio vantaggio. Pertanto la giustizia non aspira a ricompensa, né a prezzo; essa dunque è ricercata di per se stessa. Identico è il movente ed il senso di tutte le virtù.

[49] Ed anche se la virtù fosse perseguita non per il suo valore intrinseco, ma per una ricompensa[72], una sola sarà la virtù e la chiameremo con ottima ragione furbizia; quanto più uno, infatti, riporta al proprio vantaggio tutto ciò che fa, tanto meno è buono, di modo che coloro i quali misurano la virtù dalla ricompensa, non pensano esservi altra virtù che la furbizia. Dove infatti si troverà un individuo benefico se nessuno agisce benevolmente a vantaggio di un altro? Dove si troverà una persona riconoscente, se non si riesce a scorgere colui [cui mostrarsi] grati? Dove quel sacro sentimento dell'amicizia, se l'amico stesso, come si dice, non è amato di per se stesso con tutta l'anima? Anzi lo si dovrebbe abbandonare e lasciar perdere, una volta persa la speranza di guadagni e di vantaggi; ma si potrebbe fare un'affermazione più disumana di questa? Che se l'amicizia deve essere coltivata per se stessa, anche l'umana società, l'eguaglianza e la giustizia devono essere ricercate per se stesse; e se non è così, non esiste assolutamente giustizia; questa appunto è la cosa più ingiusta, il pretendere una ricompensa per la giustizia.

---

[72] Cicerone usa il termine *emolumentum*, intendendo quel vantaggio ulteriore che solitamente accompagna il consueto guadagno.

[50] Quid uero de modestia, quid de temperantia, quid de continentia, quid de uerecundia, pudore pudicitiaque dicemus? Infamiaene metu non esse petulantes, an legum et iudiciorum? Innocentes ergo et uerecundi sunt, ut bene audiant, et, ut rumorem bonum colligant, erubescent impudica loqui. At me istorum philosophorum pudet, qui <uitii> iudicium uitare <uolunt, nec se> uitio ipso <no>tat<os> putant.

[51] Quid enim? Possumus eos, qui a stupro arcentur infamiae metu, pudicos dicere, quom ipsa infamia propter rei <turp>itudinem consequatur? Nam quid aut laudari rite aut uituperari potest, si ab eius natura recesseris quod aut laudandum aut uituperandum putes? An corporis prauitates, si erunt perinsignes, habebunt aliquid offensionis, animi deformitas non habebit? Cuius turpitudo ex ipsis uitiis facillime perspici potest. Quid enim foedius auaritia, quid immanius libidine, quid contemptius timiditate, quid abiectius tarditate et stultitia dici potest? Quid ergo? Eos qui singulis uitiis excellunt aut etiam pluribus, propter damna aut detrimenta aut cruciatus aliquos miseros esse dicimus, an propter uim turpitudinemque uitiorum? Quod item ad contrariam laudem <de> uirtute dici potest.

[52] Nam si propter alias res uirtus expetitur, melius esse aliquid quam uirtutem necesse est: pecuniamne igitur an honores an formam an ualetudinem? Quae et quom adsunt perparua sunt, et quam diu adfutura sint, certum sciri nullo modo potest. An id quod turpissimum dictu est, uoluptatem? At in ea quidem spernenda et repudianda uirtus uel maxime cernitur. Sed uidetisne quanta series rerum sententiarumque sit, atque ut ex alio alia nectantur? Quin labebar longius, nisi me retinuissem.

QVINTVS: Quo tandem? Libenter enim, frater, quo ista oratione <tendis> tecum prolab<ar>.

MARCVS: Ad finem bonorum, quo referuntur et quoius a<pi>scendi causa sunt facienda omnia, controuersam rem et plenam dissensionis inter doctissimos sed aliquando tam<en> iudicandam.

XIX. [50] Che dovremo dire della moderazione, della temperanza, dell'equilibrio, della vergogna, della riservatezza e della pudicizia? Che forse non si è sfrontati per timore del disonore, o delle leggi e dei processi? Allora sono persone oneste e morigerate per sentire parlare bene di sé, e allo scopo di raccogliere commenti amichevoli, arrossiscono nel dire cose indecenti. Tuttavia io mi vergogno di questi filosofi, che vogliono evitare di essere giudicati, né pensano di essersi messi in vista proprio per un'azione colpevole.

[51] Ed allora, possiamo quindi chiamare virtuosi coloro che si trattengono dalla violenza carnale per timore del disonore, dal momento che il disonore stesso è una conseguenza della dell'azione disonesta? Che cosa infatti potrebbe essere legittimamente lodata o biasimata, se si prescinde dalla natura di ciò che puoi pensare degno di lode o di biasimo? Forse le deformità del corpo, se saranno evidentissime, avranno alcunché di ripugnante, e nulla invece la bassezza dell'animo? E questa si può scorgere facilmente dai vizi medesimi. Infatti quale vizio si potrebbe dire più vergognoso dell'avarizia, più bestiale della sensualità, più riprovevole della timidezza, più umiliante dell'ottusità e della stupidità? E allora diciamo che coloro i quali si distinguono per uno di questi vizi o anche per parecchi tutti insieme, sono dei disgraziati per alcuni svantaggi o danni o sofferenze e non piuttosto per la natura stessa e la bruttezza dei vizi? E la stessa cosa si potrebbe dire della virtù, riferendoci agli opposti pregi.

[52] Infine, se alla virtù si aspira per altri motivi, necessariamente sarà meglio che vi sia qualcosa di diverso dalla virtù stessa; forse il danaro, gli onori o la bellezza o la salute? Tutti beni che, quando ci sono, valgono pressoché niente, e non si può sapere in alcun modo per quanto tempo ancora possano esserci. O forse, cosa assai vergognosa a dirsi, il piacere? Ma soprattutto allora si scorge la virtù, nel disprezzarla e nel respingerla. Ma vedete quanto è lunga la successione degli argomenti e delle idee, e come una cosa si connetta all'altra? Anzi sarei andato molto più lontano, se non mi fossi trattenuto.

XX. QUINTO: - E fin dove? Io, fratello, mi lascerei andare volentieri con te dove cerchi di approdare con questo discorso.

MARCO: - Fino al sommo bene, al quale si riporta ogni cosa, e per raggiungere il quale si deve fare tutto, argomento controverso e pieno di divergenze fra i massimi filosofi, ma che ormai dovrebbe essere definitivamente chiarito.

[53] ATTICVS: Qui istuc fieri potest L. Gellio mortuo?

MARCVS: Quid tandem id ad rem?

ATTICVS: Quia me Athenis audire ex Phaedro meo memini, Gellium familiarem tuum, quom pro consule ex praetura in Graeciam uenisset <esset>que Athenis, philosophos, qui tum erant, in locum unum conuocasse ipsisque magno opere auctorem fuisse, ut aliquando controuersiarum aliquem facerent modum. Quodsi essent eo animo ut nollent aetatem in litibus conterere, posse rem conuenire, et simul operam suam illis esse pollicitum, si posset inter eos aliquid conuenire.

MARCVS: Ioculare istuc quidem, Pomponi, et a multis saepe derisum. Sed ego plane uellem me arbitrum inter antiquam Academiam et Zenonem datum.

ATTICVS: Quo tandem istuc modo?

MARCVS: Quia de re una solum dissident, de ceteris mirifice congruunt.

ATTICVS: Ain tandem? Vna de re est solum dissensio?

[53] ATTICO: - E come si potrebbe verificare ciò, dopo la morte di Lucio Gellio?[73]

MARCO: - Ma che attinenza ha questo con l'argomento?

ATTICO: - Mi ricordo d'aver sentito dire ad Atene dal mio Fedro[74] che il tuo amico Gellio, quando venne in Grecia col grado di proconsole dopo la pretura, trovandosi in Atene, convocò tutti i filosofi che si trovavano allora tutti insieme e insistentemente propose loro di porre una buona volta un qualche limite alle loro polemiche, in quanto, se avevano intenzione di non passare tutta la loro vita in liti, potevano mettersi d'accordo. Egli al tempo stesso promise il suo appoggio, se fosse possibile un accordo fra di loro.

MARCO: - È stato certo uno scherzo, questo, Pomponio, che fu spesso per molti oggetto di derisione; eppure vorrei essere designato io come arbitro fra l'antica Accademia e Zenone.

ATTICO: - Perché mai?

MARCO: - Perché dissentono su un argomento soltanto, mentre per tutto il resto sono meravigliosamente d'accordo.

ATTICO: - Dici davvero? È proprio una divergenza intorno ad argomento soltanto?

---

[73] Lucio Gellio era uno dei vecchi amici di Cicerone, contemporaneo degli oratori Crasso ed Antonio (cfr. CICERONE, *Bruto*, 174); fu console nel 72 a.C., assieme a Caio Lentulo Clodiano, proponendo una corona civica a Cicerone per aver sventato la congiura di Catilina.
[74] Era, assieme a Zenone, uno dei più distinti seguaci dell'Epicureismo; Cicerone ne ascoltò le lezioni ad Atene (CICERONE, *Lettere ad Attico*, XIII, 39) e dalla sua opera *Sugli Dèi* (Περὶ Θεῶν, di cui una parte è stata rinvenuta ad Ercolano) trasse ispirazione per il suo trattato *Sulla natura degli dèi*.

[54] MARCVS: Quae quidem ad rem pertineat una: quippe quom antiqui omne quod secundum naturam esset, quo iuuaremur in uita, bonum esse decreuerint, hic nisi quod honestum esset <non> putarit bonum.

ATTICVS: Paruam uero controuersiam dicis, at non eam quae dirimat omnia!

MARCVS: Probe quidem sentires, si re ac non uerbis dissiderent.

ATTICVS: Ergo adsentiris Antiocho familiari meo (magistro enim non audeo dicere), quocum uixi et qui me ex nostris paene conuellit hortulis, deduxitque in Academiam perpauculis passibus.

MARCVS: Vir iste fuit ille <quidem> acutus et prudens, et in suo genere perfectus mihique, ut scis, familiaris, cui tamen ego adsentiar in omnibus necne, mox uidero. Hoc dico, controuersiam totam istam posse sedari.

ATTICVS: Qui istuc tandem uides?

[54] MARCO: - Per quanto riguarda l'argomento centrale, una sola la divergenza, perché mentre quelli dell'antica Accademia stabilirono che fosse un bene tutto ciò che è secondo natura e da cui ricaviamo giovamento nella nostra vita, questi invece non considerò un bene se non ciò che è onesto.

ATTICO: - Ma tu mi esponi un dibattito di importanza minima, e non certo tale da risolvere tutte le questioni.

MARCO: - Avresti ragione, se la loro divergenza fosse sui fatti, e non sulle parole.

XXI. ATTICO: - Allora tu sei d'accordo con il mio amico Antioco[75] – che non oso chiamare tuo maestro – con il quale ho trascorso un po' di tempo, che stava quasi per sradicarmi dai nostri giardini e mi avrebbe portato in pochissimi passi nell'Accademia.

MARCO: - Quello è stato certamente un uomo saggio, lucido e, nel suo genere, perfetto, ed anche, come ben sai, mio amico; però vedremo in seguito se io vado d'accordo con lui in tutto oppure no; ma io sono convinto che si possa appianare tutto questo contrasto di idee.

---

[75] Antioco di Ascalona, discepolo di Filone; passò dalla Nuova alla Vecchia Accademia (CICERONE, *Bruto*, 3, 15) ma era in realtà un eclettico, in quanto cercava di accordare la vecchia Accademia, i Peripatetici e gli Stoici, propendendo tuttavia maggiormente per questi ultimi. Tra i suoi discepoli vi furono diversi nobili romani, tra cui Varrone, Bruto, Attico e Cicerone, che fu suo auditori per sei mesi nel 79 a.C. Antioco, morì in Siria, dove aveva seguito Lucullo, impegnato nelle sue campagne d'Oriente.

[55] MARCVS: Quia si, ut Chius Aristo dixit, solum bonum esse
<dixisset> quod honestum esset malumque quod turpe, ceteras res
omnis plane pares, ac ne minimum quidem utrum adessent an abessent
interesse, ualde a Xenocrate et Aristotele et ab illa Platonis familia
discreparet, esset<que> inter eos de re maxima et de omni uiuendi
ratione dissensio. Nunc uero cum decus, quod antiqui summum
bonum esse dixerant, hic solum bonum dicat; itemque dedecus
<quod> illi summum malum, hic solum; diuitias, ualetudinem,
pulchritudinem, commodas res appellet, non bonas; paupertatem,
debilitatem, dolorem incommodas, non malas; sentit idem quod
Xenocrates, quod Aristoteles, loquitur alio modo. Ex hac autem non
rerum sed uerborum discordia controuersia est nata de finibus, in qua,
quoniam usus capionem duodecim tabulae intr<a> quinque pedes esse
<n>oluerunt, depasci ueterem possessionem Academiae ab hoc acuto
homine non sinemus, nec Mamilia lege singuli, sed e XII tres arbitri
fines regemus.

[55] ATTICO: - Dunque, tu come giudichi riguardo a questa questione?

MARCO: - Se, come disse Aristone di Chio, unico bene fosse ciò che è onesto, e male, ciò che è disonesto, e tutto il resto è sullo stesso piano, senza alcuna importanza se vi sia o no, sarebbe assai notevole la differenza da Senocrate e da Aristotele e dalla scuola platonica; peraltro divergerebbe su una questione fondamentale e sulla stessa norma generale del vivere. Ma ora affermando costui (Zenone) che l'unico bene è quell'onore che gli antichi Accademici avevano definito il bene principale, e del pari sommo male il disonore, e quello invece l'unico, e poiché chiama vantaggi, e non beni, la salute, la bellezza, mentre chiama svantaggi e non mali, la povertà, l'infermità, il dolore, il suo pensiero è identico a quello di Senocrate, di quello di Aristotele, ma parla in modo diverso. Pertanto da questa divergenza non di pensiero, ma di parole, nacque il dibattito intorno al sommo bene ed al sommo male, nel quale, poiché le dodici tavole vietarono che la presa di possesso di un bene rientrasse nei limiti di cinque piedi, non permetteremo che questo sagace filosofo venga a pascolare nell'antica proprietà dell'Accademia, e non già uno alla volta secondo la legge Mamilia[76], ma in tre arbitri, secondo il disposto delle XII Tavole, sosterremo la regolarità dei nostri confini.

---

[76] Quando si trattava di *pedes finales*, ovvero non di proprietà, ma di spazio libero per legge, in forza della Legge Mamilia (proposta dal tribuno della plebe Caio Mamilio Turrino nel 166 a.C.) il pretore conferiva ad un solo perito (*mensor*) l'ufficio di arbitro; quando invece di terreno usucapito oltre questo spazio, il pretore delegava alla composizione della lite tre periti, gli stessi tre che qui per l'appunto menziona Cicerone.

[56] QVINTVS: Quamnam igitur sententiam dicimus?

MARCVS: Requiri placere terminos quos Socrates pepigerit, iisque parere.

QVINTVS: Praeclare, frater, iam nunc a te uerba usurpantur ciuilis iuris et legum, quo de genere expecto disputationem tuam. Nam ista quidem magna diiudicatio est, ut ex te ipso saepe cognoui. Sed certe ita res se habet, ut ex natura uiuere summum bonum sit, id est uita modica et apta uirtu<ti> perfrui; atqui naturam sequi et eius quasi lege uiuere, id est nihil, quantum in ipso sit praetermittere, quominus ea quae natura postulet consequatur . . . quo <par>iter haec uelit uirtut<is> tamquam lege <nos> uiuere. Quapropter hoc diiudicari nescio an numquam, sed hoc sermone certe non potest, si quidem id quod suscepimus perfecturi sumus.

[56] QUINTO: - E quale sentenza dobbiamo pronunciare?

MARCO: - Che si decida di ritrovare i confini stabiliti da Socrate, ed attenersi ad essi.

QUINTO: - Benissimo, fratello, ormai tu ora prendi in prestito la terminologia giuridica e delle leggi, ed intorno a questo argomento appunto attendo la tua discussione. In sostanza si tratta di una decisione molto importante, come spesso ho appreso dalle tue parole stesse. Ma certamente la questione sta in questi termini, che il sommo bene è vivere secondo natura, vale a dire condurre una vita regolata e conforme a virtù, ovvero seguire la natura e vivere come sotto la sua legge, cioè non trascurare alcuna cosa, per quanto sta nell'individuo, onde conseguire ciò che la natura esige... il che tra l'altro esige che si viva secondo virtù come secondo una legge. Perciò non saprei se mai questa questione possa venire risolta, ma certo non sarà possibile in questa conversazione, se stiamo per condurre a termine quanto abbiamo già avviato.

[57] ATTICVS: At ego huc declinabam nec inuitus.

QVINTVS: Licebit alias. Nunc id agamus quod coepimus, quom praesertim ad id nihil pertineat haec de summo malo bonoque dissensio.

MARCVS: Prudentissime, Quinte, dicis. Nam quae a me adhuc dicta sunt . . .

QVINTVS: . . . nec Lycurgi leges neque Solonis neque Charondae neque Zaleuci, nec nostras duodecim tabulas nec plebiscita desidero, sed te existimo cum populis, tum etiam singulis, hodierno sermone leges uiuendi et disciplinam daturum.

[58] MARCVS: Est huius uero disputationis, Quinte, proprium, id quod expectas, atque utinam esset etiam facultatis meae! Sed profecto ita se res habet, ut quoniam uitiorum emendatricem legem esse oportet commendatricemque uirtutum, ab ea<dem> uiuendi doctrina ducatur. Ita fit ut mater omnium bonarum rerum <sit> sapientia, a quoius amore Graeco uerbo philosophia nomen inuenit, qua nihil a dis immortalibus uberius, nihil florentius, nihil praestabilius hominum uitae datum est. Haec enim una nos cum ceteras res omnes, tum, quod est difficillimum, docuit, ut nosmet ipsos nosceremus, cuius praecepti tanta uis et tanta sententia est, ut ea non homini quoipiam, sed Delphico deo tribueretur.

XXII. [57] ATTICO: - Ma io ero invece propenso a questo, e molto volentieri.

QUINTO: - Ne avrai la possibilità in un'altra occasione; ora continuiamo ciò che abbiamo incominciato, tanto più che non ha nessun rapporto questa polemica sul sommo bene e sul sommo male.

MARCO: - Parli con grandissima prudenza, Quinto; infatti tutto ciò che sinora è stato detto da me...

QUINTO: - ...non voglio sentire parlare né delle leggi di Licurgo, né di quelle di Solone e di Zaleuco e di Caronda[77], né delle nostre XII Tavole né dei decreti popolari, ma penso che nella conversazione di oggi hai intenzione di dare leggi e una norma di vita sia ai popoli, sia ai singoli individui.

[58] MARCO:- Quello che tu ti attendi, Quinto, è per l'appunto inerente a questa discussione, e volesse il cielo che fosse anche in mio potere! Comunque sia, la cosa sta di certo in modo tale che, dovendo essere la legge fonte di correzione dei vizi e stimolo per le virtù, da essa venga derivata questa scienza del vivere. Accade così che la sapienza è la madre di ogni bene, e dal suo amore trasse la sua denominazione, in greco, la filosofia, della quale nulla di più fecondo, di più florido, di più stabile venne concesso dagli dèi alla vita umana. Questa sola infatti, assieme a tutte le altre, ci insegnò anche quella che è la cosa più difficile, ovvero conoscere noi stessi; ed è tale la forza ed il valore di questo insegnamento, che esso venne attribuito non già ad un uomo qualsiasi, ma al dio di Delfi[78].

---

[77] Licurgo, figlio di Eunomo, è il celebre legislatore spartano; Solone, uno dei Sette Sapienti (nato fra il 640 ed il 630 a.C.), fu autore della legislazione di Atene, in cui mise tutta la sua sapienza pratica e la propria lucidità; Zaleuco, vissuto circa verso il 650 a.C., fu legislatore di Catania, in Sicilia, mentre Caronda, suo contemporaneo, lo fu di Locri Epizefiri.
[78] Apollo.

[59] Nam qui se ipse norit, primum aliquid se habere sentiet diuinum ingeniumque in se suum sicut simulacrum aliquod dicatum putabit, tantoque munere deorum semper dignum aliquid et faciet et sentiet, et quom se ipse perspexerit totumque temptarit, intelleget quem ad modum a natura subornatus in uitam uenerit, quantaque instrumenta habeat ad obtinendam adipiscendamque sapientiam, quoniam principio rerum omnium quasi adumbratas intellegentias animo ac mente conceperit, quibus inlustratis sapientia duce bonum uirum et, ob eam ipsam causam, cernat se beatum fore.

[60] Nam quom animus cognitis percep tisque uirtutibus a corporis obsequio indulgentiaque discesserit, uoluptatemque sicut labem aliquam dedecoris oppresserit, omnemque mortis dolorisque timorem effugerit, societateque caritatis co<h>ae<s>erit cum suis, omnesque natura coniunctos suos duxerit, cultumque deorum et puram religionem susceperit, et exacuerit illam, ut oculorum, sic ingenii aciem ad bona seligenda et reicienda contraria (quae uirtus ex prouidendo est appellata prudentia), quid eo dici aut cogitari poterit beatius?

[61] Idemque quom caelum, terras, maria rerumque omnium naturam perspexerit, eaque unde generata quo recur<sur>a, quando, quo modo obitura, quid in iis mortale et caducum, quid diuinum aeternumque sit uiderit, ipsumque ea moderantem et regentem <deum> paene prenderit, seseque non <oppidi> circumdatum moenibus popularem alicuius definiti loci, sed ciuem totius mundi quasi unius urbis agnouerit, in hac ille magnificentia rerum, atque in hoc conspectu et cognitione naturae, dii inmortales, qua<le>m se ipse noscet! [quod Apollo praecepit Pythius] Quam contemnet, quam despiciet, quam pro nihilo putabit ea quae uolgo dicuntur amplissima!

[59] Chi infatti conosce se stesso, sentirà in primo luogo d'avere in sé qualcosa di divino e considererà il proprio ingegno come una sorta di immagine divina consacrata dentro di lui, e penserà e farà sempre qualcosa di degno di un così gran dono degli dèi. Quando poi avrà esaminato a fondo e messo alla prova sé stesso, comprenderà in qual modo attrezzato dalla natura sia venuto alla vita e quanti strumenti egli abbia, atti a conseguire e conservare la sapienza. Fin dal principio egli ha concepito nella mente e nell'animo una sorta quasi di adombrata nozione di tutti gli oggetti, e dopo che li avrà chiariti sotto la guida della sapienza, s'accorgerà d'essere un uomo buono e per questa ragione stessa sarà anche felice.

XXIII. [60] Infatti allorché l'animo dopo aver conosciuto e approfondito le virtù si sarà sottratto alla soggezione e all'indulgenza verso il corpo, ed avrà schiacciato il piacere come un disonorevole contagio, e si sarà affrancato da ogni timore della morte e del dolore; e allorché avrà stabilito con i suoi simili un rapporto sociale fondato sull'amore ed avrà considerato tutti i suoi simili congiunti per natura, e avrà dato inizio al culto degli dèi, ad una pura concezione religiosa[79], avrà reso acuta al pari di quella degli occhi quella vista dell'intelletto onde scegliere il bene e respingere il contrario, virtù che dal prevedere prese il nome di prudenza, che cosa mai si potrà dire o pensare di più felice di lui?

[61] E ancora quello stesso, allorché avrà spinto lo sguardo attraverso il cielo, la terra, i mari e tutta la natura dell'universo, ed avrà visto da dove sia stata generata, dove essa dovrà un giorno ritornare, in qual modo dovrà venir meno e che cosa fra questi oggetti vi sia di mortale ed impermanente[80] e che cosa di divino e di eterno; insomma, quando avrà compreso che dio stesso è colui che la regola e quasi la governa e che non è solo circondato dalle mura, come cittadino di un qualche luogo limitato, ma avrà riconosciuto di essere cittadino di tutto il mondo, come quasi di una unica città, allora egli, in mezzo a così grande splendore ed in questa visione e conoscenza della natura, per gli dèi immortali, quale conoscenza potrà attingere di se stesso! [Questo è il precetto di Apollo Pizio][81] Quanto disprezzerà, quanto terrà in poco conto tutto ciò che dalla massa viene considerato come di grandissimo valore!

---

[79] Alla *pura religio*, presso i Romani, è contrapposta la *superstitio*.

[80] L'impermanenza o la caducità delle cose è un concetto tipicamente buddhista; del resto Cicerone aveva una certa dimestichezza con il pensiero e le costumanze dell'India (cfr. P. GRIMAL, *Cicerone*, Garzanti, Milano 1986, p. 71).

[81] Si allude al Γνῶθι σεαυτόν ("conosci te stesso"), uno dei precetti scolpito a caratteri d'oro, per ordine degli Anfizioni, sul pronao del tempio di Apollo a Delfi. Non si sa di per certo chi fu

[62] Atque haec omnia quasi saepimento aliquo uallabit disserendi ratione, ueri et falsi iudicandi scientia, et arte quadam intellegendi quid quamque rem sequatur et quid sit quoique contrarium. Quomque se ad ciuilem societatem natum senserit, non solum illa subtili disputatione sibi utendum putabit sed etiam fusa latius perpetua oratione, qua regat populos, qua stabiliat leges, qua castiget improbos, qua tueatur bonos, qua laudet claros uiros, qua praecepta salutis et laudis apte ad persuadendum edat suis ciuibus, qua hortari ad decus, reuocare a flagitio, consolari possit adflictos, factaque et consulta fortium et sapientium cum improborum ignominia sempiternis monumentis prodere. Quae quom tot res tantaeque sint, quae inesse in homine perspiciantur ab iis qui se ipsi uelint nosse, earum parens est educatrixque sapientia.

[63] ATTICVS: Laudata quidem a te grauiter et uere! Sed quorsus hoc pertinet?

MARCVS: Primum ad ea, Pomponi, de quibus acturi iam sumus, quae tanta esse uolumus. Non enim erunt, nisi ea fuerint, unde illa manant, amplissima. Deinde facio et lubenter et, ut spero, recte, quod eam quoius studio teneor quaeque me eum, quicumque sum, effecit, non possum silentio praeterire.

ATTICVS: Re<cte> uero facis et merito et pie, fuitque id, ut dicis, in hoc sermone faciundum.

l'ideatore di questa massima, secondo alcuni di Chilone, o di Camelao o ancora di Apollo stesso (cfr. CICERONE, *Tuscolane*, I, 22).

XXIV. [62] E tutto ciò egli circonderà, quasi come un argine, col metodo della discussione, con la scienza del distinguere il vero ed il falso e con una certa abilità di capire che cosa consegua a ciascun fatto e che cosa sia a ciascuno contrario. E quando si accorgerà di essere nato per una società civile, riterrà non soltanto di sfruttare quel sottile modo di discutere, ma anche una forma di discorso esteso con maggiore ampiezza ed ininterrotto, con cui possa governare i popoli, stabilire le leggi, punire i malvagi, proteggere i buoni, lodare gli uomini insigni, dare ai propri concittadini in maniera adatta a convincerli avvertimenti di salute e di encomio, esortare all'onestà, trattenere dalla colpa, consolare gli afflitti, tramandare in monumenti etemi le decisioni dei forti e dei saggi e le bassezze dei disonesti. E di questi così grandi e numerosi pregi, che si scorgono esistenti nell'uomo da parte di coloro che intendono conoscere se stessi, madre ed educatrice è la sapienza.

ATTICO: - E di essa tu hai tessuto un elogio retto e pio; ma a che cosa mira questo discorso?

[63] Marco: - In primo luogo, Pomponio, esso si ricollega agli argomenti di cui fra poco tratteremo, ed essi, appunto, desideriamo che abbiano una notevole importanza; infatti non sarebbero tali, se non fossero importantissimi i princìpi donde essi scaturiscono. Aggiungo inoltre che lo faccio di buon grado e, credo, anche con buoni motivi, non potendo passare sotto silenzio colei, la cui passione tutto mi ha preso e che tale mi fece, quale io sono attualmente[82].

Attico: - E davvero agisci com'essa merita, con rispetto, ed è giusto che in questa conversazione si faccia ciò, come tu dici.

---

[82] Ovvero la Filosofia.

Libro Secondo

[1] ATTICUS: Sed visne, quoniam et satis iam ambulatum est, et tibi aliud dicendi initium sumendum est, locum mutemus et in insula quae est in Fibreno — nam opinor <id> illi alteri flumini nomen est — sermoni reliquo demus operam sedentes?

MARCUS: Sane quidem. Nam illo loco libentissime soleo uti, sive quid mecum ipse cogito, sive aliquid scribo aut lego.

[2] ATTICUS: Equidem, qui nunc potissimum huc venerim, satiari non queo, magnificasque villas et pavimenta marmorea et laqueata tecta contemno. Ductus vero aquarum, quos isti Nilos et Euripos vocant, quis non cum haec videat inriserit? Itaque ut tu paulo ante de lege et de iure disserens ad naturam referebas omnia, sic in his ipsis rebus, quae ad requietem animi delectationemque quaeruntur, natura dominatur. Quare antea mirabar — nihil enim his in locis nisi saxa et montis cogitabam, itaque ut facerem et narrationibus inducebar tuis et versibus —, sed mirabar ut dixi, te tam valde hoc loco delectari. Nunc contra miror te cum Roma absis usquam potius esse.

I. [1] ATTICO: - Ma visto che già abbiamo passeggiato abbastanza e tu devi iniziare un altro discorso, preferisci che cambiamo posto e che proseguiamo la conversazione nell'isola che si trova nel Fibreno[83] – credo sia questo il nome di quell'altro braccio del fiume –, mettendoci là a sedere ?

MARCO: - Certamente; molto volentieri, infatti, io mi fermo in quel posto, sia quando sono intento ad elaborare qualche progetto da solo con me stesso, sia quando scrivo o leggo qualcosa.

[2] ATTICO: - Quanto a me, che sono venuto qui proprio in questa stagione, non sono stanco di saziarmene, ed al paragone mi sembrano un niente le magnificenze delle ville ed i pavimenti di marmo ed i soffitti a cassettoni, come pure quei canali d'acqua che questa gente chiama Nili ed Euripi[84]. Chi non sorriderebbe soddisfatto dopo aver visto questo paesaggio? Come tu poco fa, discutendo di legge e di diritto, riconducevi tutto alla Natura, così anche in queste cose, che sono apprezzate per la quiete ed il diletto dell'animo, quella che domina è la Natura. Per questo io prima mi stupivo, pensando che in questi luoghi non vi fossero altro che rocce e montagne, ed a ciò mi spingevano le tue orazioni ed i tuoi versi. Mi stupivo, come ho detto, che tu provassi tanto diletto in questi luoghi; ora invece mi stupisco che durante le tue assenze da Roma tu possa stare in qualche altra località.

---

[83] Il Fibreno, fiume del Lazio, situato non lontano da Arpino, scorreva attraverso il podere di Cicerone, formando un'amena isoletta, per poi sfociare nel Liri.

[84] Entrambi soprannomi per indicare, rispettivamente, canali sinuosi a laghetti e cascatelle e canali stretti e non molto tortuosi.

[3] MARCUS: Ego veto, cum licet pluris dies abesse, praesertim hoc tempore anni, et amoenitatem et salubritatem hanc sequor; raro autem licet. Sed nimirum me alia quoque causa delectat, quae te non attingit Tite.

ATTICUS: Quae tandem ista causa est?

MARCUS: Quia si verum dicimus, haec est mea et huius fratris mei germana patria. Hic enim orti stirpe antiquissima sumus, hic sacra, hic genus, hic maiorum multa vestigia. Quid plura? Hanc vides villam, ut nunc quidem est, lautius aedificatam patris nostri studio, qui cum esset infirma valetudine, hic fere aetatem egit in litteris. Sed hoc ipso in loco, cum avos viveret et antiquo more parva esset villa, ut illa Curiana in Sabinis, me scito esse natum. Qua re inest nescio quid et latet in animo ac sensu meo, quo me plus hic locus fortasse delectet, si quidem etiam ille sapientissimus vir Ithacam ut videret inmortalitatem scribitur repudiasse.

[4] ATTICUS: Ego vero tibi istam iustam causam puto, cur huc libentius venias atque hunc locum diligas. Quin ipse, vere dicam, sum illi villae amicior modo factus atque huic omni solo, in quo tu ortus et procreatus es. Movemur enim nescio quo pacto locis ipsis, in quibus eorum quos diligimus aut admiramur adsunt vestigia. Me quidem ipsae illae nostrae Athenae non tam operibus magnificis exquisitisque antiquorum artibus delectant, quam recordatione summorum virorum, ubi quisque habitare, ubi sedere, ubi disputare sit solitus, studioseque eorum etiam sepulcra contemplor. Quare istum ubi tu es natus plus amabo posthac locum.

MARCUS: Gaudeo igitur me incunabula paene mea tibi ostendisse.

[3] MARCO: - Ma io, quando posso assentarmi per parecchi giorni, specialmente in questa stagione, vengo sempre a cercare l'amenità e la salubrità di questi posti, e purtroppo ciò mi è consentito molto raramente. Comunque mi dà motivo di allegria un'altra ragione ancora, che non ti riguarda da vicino, Tito.

ATTICO: - E qual è mai questa ragione?

MARCO: - A dire la verità, questa è la patria comune mia e di mio fratello; infatti noi qui discendiamo da un'antichissima stirpe, sono qui le tradizioni religiose, qui la schiatta, qui molte tracce dei nostri antenati. Cos'altro? Ebbene, guarda questa villa, così come è adesso, ristrutturata più riccamente per l'interessamento di nostro padre, il quale, a causa della salute malferma, trascorse quaggiù quasi tutta la sua vita nelle occupazioni letterarie. Sappi che io sono nato proprio qui, quando era ancora in vita mio nonno e la villa era piuttosto piccola, secondo le usanze antiche, come quella di Curio in Sabina[85]. Per questo c'è, nascosto nel profondo del mio animo e dei miei sentimenti, un che di indefinibile, per cui questo luogo mi è ancora più caro, se è vero che anche quel famoso eroe molto saggio, per rivedere Itaca, è scritto che abbia rinunciato all'immortalità[86].

II. [4] ATTICO: - Io prendo per buono questo motivo, perché tu vieni qui più volentieri e prediligi questi posti; anzi, a dirti la verità, anch'io ora sono diventato più affezionato a quella villa e a tutta questa terra, in cui tu sei stato procreato e sei venuto alla luce. Noi infatti, non so perché, siamo commossi da quei luoghi, i quali conservano le tracce di coloro che amiamo o ammiriamo. Quella nostra stessa Atene ci allieta non tanto per le opere magnifiche e deliziose degli antichi quanto per il ricordo di grandissimi personaggi, e del luogo dove ciascuno era solito abitare, soffermarsi, discutere; con grande affetto io ne contemplo anche i sepolcri. Perciò d'ora in poi amerò ancora di più questo luogo dove sei nato.

MARCO: - Sono contento di averti mostrato quella che è quasi la mia culla.

---

[85] Intende Marco Curio Dentato, che trionfò sui Sabini, sui Latini e su Pirro, re dell'Epiro.

[86] Allusione ad Ulisse, che rifiutò l'immortalità, promessagli da Calipso, pur di rivedere il fumo dei focolari di Itaca, sua patria (OMERO, *Odissea*, I, 52 e sgg; V, 135-136; CICERONE, *De oratore*, I, 44, 196).

[5] ATTICUS: Equidem me cognosse admodum gaudeo. Sed illud tamen quale est quod paulo ante dixisti, hunc locum — id enim ego te accipio dicere Arpinum — germanam patriam esse vestram? Numquid duas habetis patrias, an est una illa patria communis? Nisi forte sapienti illi Catoni fuit patria non Roma sed Tusculum.

MARCUS: Ego mehercule et illi et omnibus municipibus duas esse censeo patrias, unam naturae, alteram civitatis: ut ille Cato, quom esset Tusculi natus, in populi Romani civitatem susceptus est, ita<que> quom ortu Tusculanus esset, civitate Romanus, habuit alteram loci patriam, alteram iuris; ut vestri Attici, priusquam Theseus eos demigrare ex agris et in astu quod appellatur omnis conferre se iussit, et sui erant idem et Attici, sic nos et eam patriam dicimus ubi nati, et illam <a> qua excepti sumus. Sed necesse est caritate eam praestare <e> qua rei publicae nomen universae civitati est, pro qua mori et cui nos totos dedere et in qua nostra omnia ponere et quasi consecrare debemus. Dulcis autem non multo secus est ea quae genuit quam illa quae excepit. Itaque ego hanc meam esse patriam prorsus numquam negabo, dum illa sit maior, haec in ea contineatur. * duas habet civitatis, sed unam illas civitatem putat.

[5] ATTICO: - Ed io sono molto contento di averne fatta la conoscenza. Ma come sta tuttavia il fatto, cui accennavi poco fa, cioè che questo luogo, Arpino, sarebbe la vostra patria naturale? Forse ne avete due, di patrie o è quella sola la patria comune? A meno che quel saggio Catone non abbia avuto come patria non Roma, ma Tuscolo.

MARCO: - Per Ercole, io penso che tanto egli come tutti i municipali abbiano due patrie, una quella naturale, l'altra quella giuridica; e come quel famoso Catone, pur essendo nato a Tuscolo, fu accolto nella cittadinanza romana, così, essendo Tuscolano di nascita, e Romano per diritto di cittadinanza, ebbe l'una come patria naturale, l'altra di diritto. E per quanto riguarda i vostri Attici, prima che Teseo li costringesse a trasferirsi dai campi ed a riunirsi tutti in quella che si chiama città, essi erano nello stesso tempo ciascuno cittadino del proprio borgo ed anche Attici, così noi consideriamo patria sia quella in cui siamo nati, sia quella da cui fummo accolti. Ma è necessario dedicare il proprio amore soprattutto a quella, in virtù della quale il nome dello Stato è comune a tutti i cittadini, per la quale dobbiamo morire ed alla quale dedicarci interamente ed in cui riporre tutti i nostri interessi e quasi consacrarveli. Ma quella che ci ha generato è poi cara in misura non molto diversa da quella che ci ha accolto. Perciò io non negherò mai che questa è davvero la mia patria, pur essendo maggiore di essa quell'altra, e questa sia compresa in quell'altra [dalla quale ciascun municipale riceve il diritto] di una seconda cittadinanza e che considera l'unica patria.

[6] ATTICUS: Recte igitur Magnus ille noster me audiente posuit in iudicio, quom pro Ampio tecum simul diceret, rem publicam nostram iustissimas huic municipio gratias agere posse, quod ex eo duo sui conservatores exstitissent, ut iam videar adduci, hanc quoque quae te procrearit esse patriam tuam. Sed ventum in insulam est. Hac vero nihil est amoenius. Etenim hoc quasi rostro finditur Fibrenus, et divisus aequaliter in duas partes latera haec adluit, rapideque dilapsus cito in unum confluit, et tantum conplectitur quod satis sit modicae palaestrae loci. Quo effecto, tamquam id habuerit operis ac muneris, ut hanc nobis efficeret sedem ad disputandum, statim praecipitat in Lirem, et quasi in familiam patriciam venerit, amittit nomen obscurius, Liremque multo gelidiorem facit. Nec enim ullum hoc frigidius flumen attigi, cum ad multa accesserim, ut vix pede temptare id possim, quod in Phaedro Platonis facit Socrates.

III. [6] ATTICO: - Aveva ragione dunque quel nostro [Pompeo] Magno, quando affermò in tribunale, e lo sentii anch'io con le mie orecchie, mentre insieme a te difendeva Ampio[87], che il nostro Stato poteva essere assai riconoscente a questo municipio, perché da esso erano venuti fuori i suoi due salvatori, tanto che già mi sembra di essere convinto che anche questa che ti ha generato sia una tua patria. Ma siamo arrivati all'isola. Davvero nulla vi potrebbe essere di più ameno. Infatti il Fibreno è tagliato quasi come da un rostro e, diviso in due rami eguali, lambisce questi fianchi e scorrendo velocemente in un attimo confluisce in un unico braccio, abbracciando tanto di quel terreno che sarebbe sufficiente per una palestra di medie dimensioni. Subito dopo, come se questo fosse suo compito e dovere, di costruirci cioè un posto per la nostra discussione, si getta nel Liri, e, quasi come se fosse entrato in una famiglia patrizia, abbandona il suo nome piuttosto oscuro, e rende il Liri molto più fresco. Infatti io non ho mai toccato acqua più fresca di questa, pur avendone provate molte, al punto che a mala pena posso provarla col piede, come fa Socrate nel Fedro di Platone[88].

---

[87] Tito Ampio Balbo fu tribuno della plebe nel 63 a.C. e pretore cinque anni dopo; era molto amico di Cicerone e Pompeo, che lo difesero in tribunale.
[88] PLATONE, *Fedro*, V, 230 B.

[7] MARCUS: Est vero ita. Sed tamen huic amoenitate, quem ex Quinto saepe audio, Thyamis Epirotes tuus ille nihil opinor concesserit.

QUINTUS: Est ita ut dicis. Cave enim putes Attici nostri Amalthio platanisque illis quicquam esse praeclarius. Sed si videtur considamus hic in umbra, atque ad eam partem sermonis ex qua egressi sumus revertamur.

MARCUS: Praeclare exigis Quinte — at ego effugisse arbitrabar —, et tibi horum nihil deberi potest.

QUINTUS: Ordire igitur, nam hunc tibi totum dicamus diem.

MARCUS: «A Iove Musarum primordia», sicut in Aratio carmine orsi sumus.

QUINTUS: Quorsum istuc?

MARCUS: Quia nunc item ab eodem et a ceteris diis immortalibus sunt nobis agendi capienda primordia.

[7] MARCO: - È proprio così; eppure quel tuo Thyami in Epiro[89], come spesso sento dire da Quinto, non avrebbe nulla da invidiare all'amenità di questo luogo.

QUINTO: - Sì; ma guardati bene dal credere che vi possa essere qualcosa di meglio della tenuta di Amalthio[90] e di quei platani del nostro Attico. Ma, se così pare, sediamoci qui all'ombra, e ritorniamo a quella parte della discussione, da cui abbiamo divagato.

MARCO: - La tua richiesta è giusta, Quinto - ma io già pensavo d'essermela cavata -, e nessuno di questi tuoi desideri può restare insoddisfatto.

QUINTO: - Allora inizia; ti stiamo infatti dedicando tutta l'intera giornata.

MARCO: - «Da Giove il principio delle Muse», come ho esordito nel carme arateo[91].

QUINTO: - E perché questo?

MARCO: - Perché nello stesso modo adesso bisogna dare inizio alla trattazione partendo dal medesimo e dagli dèi immortali.

QUINTO: - Benissimo, fratello, e ben conviene che così si faccia.

---

[89] Il Thyamis è un fiume dell'Epiro (odierna Albania) che sbocca di fronte all'isola di Corfù, presso il promontorio di Corcira (STRABONE, *Geografia*, VII, 324).
[90] Era una splendida e lussuosa villa che Attico adoperava come residenza estiva nei pressi del Thyamis; prendeva il nome da un vicino santuario in onore della ninfa Amaltea; Attico aveva infatti adornato la villa con dei bassorilievi con il mito della ninfa in questione.
[91] È una citazione dalla traduzione latina dei *Fenomeni* di Arato di Soli, vissuto verso il 270 a.C., fatta dallo stesso Cicerone.

[8] QUINTUS: Optime vero frater, et fieri sic decet.

MARCUS: Videamus igitur rursus, priusquam adgrediamur ad leges singulas, vim naturamque legis, ne quom referenda sint ad eam nobis omnia, labamur interdum errore sermonis, ignoremusque vim rationis eius qua iura nobis definienda sint.

QUINTUS: Sane quidem hercle, et est ista recta docendi via.

MARCUS: Hanc igitur video sapientissimorum fuisse sententiam, legem neque hominum ingeniis excogitatam, nec scitum aliquod esse populorum, sed aeternum quiddam, quod universum mundum regeret imperandi prohibendique sapientia. Ita principem legem illam et ultimam mentem esse dicebant omnia ratione aut cogentis aut vetantis dei. Ex quo illa lex, quam di humano generi dederunt, recte est laudata: est enim ratio mensque sapientis ad iubendum et ad deterrendum idonea.

[9] QUINTUS: Aliquotiens iam iste iocus a te tactus est. Sed antequam ad populares leges venias, vim istius caelestis legis explana si placet, ne aestus nos consuetudinis absorbeat et ad sermonis morem usitati trahat.

MARCUS: A parvis enim Quinte didicimus, 'si in ius vocat' atque alia eius modi leges <alias> nominare. Sed vero intellegi sic oportet, et hoc et alia iussa ac vetita populorum vim habere ad recte facta vocandi et a peccatis avocandi, quae vis non modo senior est quam aetas populorum et civitatium, sed aequalis illius caelum atque terras tuentis et regentis dei.

IV. [8] MARCO: - Dunque, prima di passare alle singole leggi, vediamo di nuovo l'efficacia e la natura della legge, ad evitare che, dovendo riportare tutto ad essa, si scivoli talvolta in qualche errore di linguaggio e si trascuri l'importanza di quel metodo in base al quale dobbiamo definire i princìpi giuridici.

QUINTO: - Bene, per Ercole, ed è questa la via giusta dell'insegnamento.

MARCO: - Vedo che questa fu il parere degli uomini più sapienti, ovvero che la legge non è stata elaborata dagli umani intelletti, né essa sia un qualche decreto dei popoli, ma qualcosa di eterno, che governa l'universo con la saggezza nel comandare e nell'ubbidire. Dicevano esattamente così, che Prima e Suprema Legge era la mente del dio che tutto razionalmente o impone o vieta. Con tali presupposti fu esaltata quella legge che gli dèi diedero al genere umano; essa infatti è la ragione e la mente del saggio, adatta a comandare e a distogliere.

[9] QUINTO: - Hai già diverse volte toccato questo argomento. Ma prima di venire alle leggi relative ai popoli, spiegaci, per favore, la natura di questa Legge Celeste, affinchè l'onda dell'abitudine non ci travolga e ci spinga sulla strada di una comune conversazione.

MARCO: - Fin da fanciulli, Quinto, ci è stato insegnato a chiamare leggi [ciò a cui si poteva riferire l'espressione] «Se chiama in giudizio» ed altre definizioni del genere. Ma così bisogna intendere, cioè che questi ed altri analoghi precetti e divieti dei popoli hanno la forza di invitare alle azioni corrette e di allontanare dalle colpe, forza che non soltanto è più antica dell'età stessa dei popoli e degli Stati, ma è coeva di quel dio che protegge e governa il cielo e le terre.

[10] Neque enim esse mens divina sine ratione potest, nec ratio divina non hanc vim in rectis pravisque sanciendis habere, nec quia nusquam erat scriptum, ut contra omnis hostium copias in ponte unus adsisteret, a tergoque pontem interscindi iuberet, idcirco minus Coclitem illum rem gessisse tantam fortitudinis lege atque imperio putabimus, nec si regnante <L.> Tarquinio nulla erat Romae scripta lex de stupris, idcirco non contra illam legem sempiternam Sex. Tarquinius vim Lucretiae Tricipitini filiae attulit. Erat enim ratio, profecta a rerum natura, et ad recte faciendum inpellens et a delicto avocans, quae non tum denique incipit lex esse quom scripta est, sed tum quom orta est. Orta autem est simul cum mente divina. Quam ob rem lex vera atque princeps, apta ad iubendum et ad vetandum, ratio est recta summi Iovis.

[10] Non può, infatti, esserci un intelletto divino senza raziocinio, né ragione divina che non abbia il potere di stabilire per legge il giusto e l'ingiusto; e poiché in nessun luogo stava scritto che egli da solo dovesse resistere a tutte le forze dei nemici su di un ponte, e dare ordine che il ponte venisse tagliato alle sue spalle, tanto meno per questo crederemo che quel Coclite[92] abbia compiuto un'impresa tanto grande sotto l'imperativo di una legge; e neppure che, se sotto il regno di Lucio Tarquinio non vi era in Roma alcuna legge scritta circa la violenza carnale, in contrasto con quella legge etema, Sesto Tarquinio non abbia arrecato violenza a Lucrezia, figlia di Tricipitino[93]. Vi era infatti una norma, derivata dalla stessa Natura, che spinge al ben fare e tiene lontani dal delitto, la quale non incomincia ad essere legge solo nel momento in cui viene scritta, ma fin da quando è nata[94]. E precisamente essa ebbe origine insieme all'intelletto divino. Motivo per cui la prima e vera Legge, efficace nel comandare e nel proibire, è la retta ragione del sommo Giove.

---

[92] Intende Orazio Coclite, che contese da solo con successo il passaggio all'esercito etrusco sul ponte Sublicio.

[93] Spurio Lucrezio Tricipitino, senatore romano e prefetto della città sotto re Tarquinio il Superbo (TITO LIVIO, *Storia di Roma dalla sua fondazione*, I, 59); stuprandone la figlia Lucrezia, moglie di Collatino, Sesto Tarquinio, figlio del re, causò la sollevazione che portò all'abbattimento della monarchia in Roma, nel 510 a.C.

[94] Concetto importantissimo, ripreso in certo modo anche da Kant: la legge naturale è perfetta nell'animo del sapiente: per uno Stato il bene supremo è dunque rappresentato da una Costituzione scritta seguendo l'espressione della Legge Naturale.

[11] Quintus: Adsentior frater, ut quod est rectum verumque, <aeternum quoque ratio, est> sit, neque cum litteris quibus scita scribuntur aut oriatur aut occidat. Marcus: Ergo ut illa divina mens summa lex est, item quom in homine est perfecta in mente sapientis. Quae sunt autem varie et ad tempus descriptae populis, favore magis quam re legum nomen tenent. Omnem enim legem, quae quidem recte lex appellari possit, esse laudabilem qui<bus>dam talibus argumentis docent. Constare profecto ad salutem civium civitatumque incolumitatem vitamque hominum quietam et beatam inventas esse leges, eosque qui primum eiusmodi scita sanxerint, populis ostendisse ea se scripturos atque laturos, quibus illi adscitis susceptisque honeste beateque viverent, quaeque ita conposita sanctaque essent, eas leges videlicet nominarent. Ex quo intellegi par est, eos qui perniciosa et iniusta populis iussa descripserint, quom contra fecerint quam polliciti professique sint, quidvis potius tulisse quam leges, ut perspicuum esse possit, in ipso nomine legis interpretando inesse vim et sententiam iusti et veri legendi.

[12] Quaero igitur a te Quinte, sicut illi solent: quo si civitas careat ob eam ipsam causam quod eo careat pro nihilo habenda sit, id estne numerandum in bonis?

Quintus: Ac maxumis quidem.

Marcus: Lege autem carens civitas estne ob ipsum habenda nullo loco?

Quintus: Dici aliter non potest.

Marcus: Necesse est igitur legem haberi in rebus optimis.

Quintus: Prorsus adsentior.

V. [11] QUINTO: - Sono d'accordo, fratello, che quanto è giusto e vero debba essere [anche etemo], e non debba sorgere o perire con i segni, con cui si scrivono i decreti.

MARCO: - Dunque, come quella mente divina è la legge suprema, allo stesso modo, quando è portata alla perfezione nell'uomo, [risiede] nella mente del saggio. Ma quelle che variamente e secondo l'occasione vengono sancite per i popoli, assumono il nome di leggi più per un privilegio che per la sostanza. Alcuni esperti insegnano infatti, con una serie di simili argomentazioni, che ogni legge che veramente si possa chiamare legge, è degna di lode. È noto a tutti che le leggi vennero elaborate per la salvezza dei cittadini e l'incolumità degli Stati, nonché per una vita tranquilla e felice dell'umanità; e quelli che per primi stabilirono norme del genere, dimostrarono ai popoli che essi avrebbero scritto e proposto norme che, se riconosciute ed accettate, avrebbero loro permesso di vivere rettamente e felicemente. Tutte le norme a tal fine composte e promulgate le chiamarono leggi. Dal che è facilmente comprensibile che, coloro i quali prescrissero ai loro popoli regolamenti dannosi ed ingiusti, e avendo fatto l'opposto di quanto avevano promesso e dichiarato, promulgarono qualunque cosa, ma non delle vere leggi, quindi è chiaro che nella stessa interpretazione del nome di legge è insita la sostanza ed il criterio della scelta del giusto e del vero[95].

[12] Perciò, nello stesso modo in cui ancora si comportano di solito quegli studiosi[96], ti chiedo dunque, o Quinto, è forse da annoverarsi tra i beni quell'elemento che, se mancasse ad uno Stato, proprio per fatto che manchi dovrebbe essere considerato come per nulla esistente?

QUINTO: - Sì, e tra i più importanti.

MARCO: -Ed uno Stato che sia privo di legge non è forse proprio per questo motivo da considerarsi come inesistente?

QUINTO: - Non si potrebbe dire altrimenti.

MARCO: - Dunque la legge deve essere considerata tra le cose migliori.

QUINTO: - Sono pienamente d'accordo anche su questo.

---

[95] Si badi, non il giusto ed il vero soggettivi di un legislatore di turno, che impone, a seconda delle circostanze passeggere, una propria visione di ciò che è bene e necessario porre in essere, ma secondo uno *iustus* ed un *verus* universalmente ed oggettivamente validi.
[96] Cioè gli Stoici.

[13] MARCUS: Quid quod multa perniciose, multa pestifere sciscuntur in populis, quae non magis legis nomen adtingunt, quam si latrones aliqua consensu suo sanxerint? Nam neque medicorum praecepta dici vere possunt, si quae inscii inperitique pro salutaribus mortifera conscripserint, neque in populo lex, cuicuimodi fuerit illa, etiam si perniciosum aliquid populus acceperit. Ergo est lex iustorum iniustorumque distinctio, ad illam antiquissimam et rerum omnium principem expressa naturam, ad quam leges hominum diriguntur, quae supplicio inprobos adficiunt, defendunt ac tuentur bonos.

QUINTUS: Praeclare intellego, nec vero iam aliam esse ullam legem puto non modo habendam sed ne appellandam quidem.

[13] MARCO: - E che dire del fatto che vengono sancite molte disposizioni dannose nei confronti dei popoli, molte persino esiziali, ma ciò nonostante queste non portano il nome di legge, peggio che se dei furfanti le avessero stabilite nelle loro bande? Infatti non si possono chiamare realmente prescrizioni dei medici nel caso che essi, per ignoranza ed imperizia, abbiano prescritto sostanze letali in luogo di salutari, e nemmeno una legge relativa a un popolo, qualunque essa sia, può essere detta legge, posto che il popolo ne abbia ricevuto qualche danno. La legge pertanto è la distinzione del giusto e dell'ingiusto manifestata in conformità alla natura, che è il più antico e principale di tutti gli elementi a cui fanno riferimento le leggi umane, che colpiscono con pene i malvagi, e difendono e proteggono gli onesti.

VI. QUINTO: - Capisco perfettamente e penso che ormai non solo non si dovrebbe considerare tale alcuna altra legge, ma nemmeno denominarla così.

[14] MARCUS: Igitur tu Titias et Apuleias leges nullas putas?

QUINTUS: Ego vero ne Livias quidem.

MARCUS: Et recte, quae praesertim uno versiculo senatus puncto temporis sublatae sint. Lex autem illa, cuius vim explicavi, neque tolli neque abrogari potest.

QUINTUS: Eas tu igitur leges rogabis videlicet quae numquam abrogentur.

MARCUS: Certe, si modo acceptae a duobus vobis erunt. Sed ut vir doctissimus fecit Plato atque idem gravissimus philosophorum omnium, qui princeps de re publica conscripsit idemque separatim de legibus <eius>, id<em> mihi credo esse faciundum, ut priusquam ipsam legem recitem, de eius legis laude dicam. Quod idem et Zaleucum et Charondam fecisse video, quom quidem illi non studii et delectationis sed rei publicae causa leges civitatibus suis scripserint. Quos imitatus Plato videlicet hoc quoque legis putavit esse, persuadere aliquid, non omnia vi ac minis cogere.

[14] MARCO: - Allora tu non consideri affatto leggi le Tizie e le Apuleie?[97]

QUINTO: - Io francamente nemmeno le Livie.

MARCO: - Ed hai ragione, dal momento che esse furono abrogate in un solo istante e con un'unico tratto di penna del Senato. Invece quella legge, di cui ho spiegato l'efficacia, non può essere soppressa né abrogata.

QUINTO: - Tu allora presenterai delle leggi tali, che non possano mai essere abrogate.

MARCO: - Certamente, purché vengano accettate da voi due. Ma come ha fatto il sapientissimo Platone, peraltro il più autorevole di tutti i filosofi, il quale per primo scrisse su lo Stato, e poi, a parte, sulle sue Leggi, credo che anch' io dovrò fare la stessa cosa, cioè, prima enunciare la legge, quindi farne le lodi. E questo, a quel che vedo, è quanto hanno fatto anche Zaleuco e Caronda, pur avendo essi scritto le loro leggi per le città non già per esercizio scolastico o per passatempo, ma per il bene del loro Stato. E dietro il loro esempio, Platone certamente ritenne che anche questa fosse una caratteristica specifica della legge, di convincere di qualche cosa, e non imporre tutto costringendo con le minacce e con la forza.

---

[97] Sesto Tizio, lodevole oratore, fu tribuno della plebe nel 99 a.C. ed in quell'occasione propose una legge agraria, che non andò in porto a causa del veto dei colleghi e del console Antonio, finendo anzi citato egli stesso in giudizio e condannato (CICERONE, *De oratore*, II, 11, 66); Lucio Apuleio Saturnino fu tribuno della plebe nel 101 a.C.; con una legge agraria cercò di fare assegnare ai legionari di Mario dei terreni in Gallia ma, nonostante la legge fosse stata approvata, fu espulso dal Senato per ritorsione dal reazionario censore Metello Numidico. Rieletto tribuno e sollevata una sedizione, morì durante la repressione della stessa.

[15] QUINTUS: Quid quod Zaleucum istum negat ullum fuisse Timaeus?

MARCUS: At <ait> Theophrastus, auctor haud deterior mea quidem sententia — meliorem multi nominant —, commemorant vero ipsius cives, nostri clientes, Locri. Sed sive fuit sive non fuit, nihil ad rem: loquimur quod traditum est.

Sit igitur hoc iam a principio persuasum civibus, dominos esse omnium rerum ac moderatores deos, eaque quae gerantur eorum geri iudicio ac numine, eosdemque optime de genere hominum mereri, et qualis quisque sit, quid agat, quid in se admittat, qua mente, qua pietate colat religiones, intueri, piorumque et impiorum habere rationem . . . <conprehendantur, ratione nulla>.

[15] Quinto: - Ma che importanza ha questo, dal momento che Timeo[98] afferma che codesto Zaleuco non è mai esistito?

Marco: - Ma [lo afferma] invece Teofrasto, autore per nulla inferiore a mio parere - molti anzi lo dicono migliore- , e poi lo ricordano i suoi stessi concittadini, i miei clienti locresi[99]. Ma che egli sia esistito oppure no, non importa per il nostro tema: noi riferiamo ciò che è stato tramandato.

VII. Sia dunque chiaro ai cittadini questo fin dall'inizio, che gli dèi sono padroni e reggitori di tutto l'universo, e che tutto quello che viene compiuto, è compiuto con il loro giudizio e la loro volontà, e che essi medesimi sono i maggiori benefattori del genere umano. Essi scorgono quale ciascun uomo sia, che cosa faccia, che cosa abbia nel suo intimo, con quale animo e quale pietà coltivi la religione, e inoltre essi tengono conto dei pii e degli empi;

---

[98] Storico siceliota, nacque a Tauromenio (odierna Taormina), da Andromaco, verso il 352 a.C. Fu discepolo di Filisto di Mileto e, bandito da Agatocle, scrisse ad Atene una *Storia* in 68 libri, comprendente anche le imprese di Pirro, di cui non ci restano che frammenti.

[99] Intende gli abitanti di Locri Epizefiri, una delle più antiche città greche dell'Italia meridionale, fondata dai Locresi Ozolii; giaceva presso il promontorio Zefirio, nella punta meridionale della penisola dei Bruzi.

[16] His enim rebus inbutae mentes haud sane abhorrebunt ab utili aut a vera sententia. Quid est enim verius quam neminem esse oportere tam stulte adrogantem, ut in se rationem et mentem putet inesse, in caelo mundoque non putet? Aut ut ea quae vix summa ingenii ratione moveri putet? Quem vero astrorum ordines, quem dierum noctiumque vicissitudines, quem mensum temperatio, quemque ea quae gignuntur nobis ad fruendum, non gratum esse cogunt, hunc hominem omnino numerari qui decet? Quomque omnia quae rationem habent praestent iis quae sint rationis expertia, nefasque sit dicere ullam rem praestare naturae omnium rerum, rationem inesse in ea confitendum est. Utilis esse autem has opiniones quis neget, quom intellegat quam multa firmentur iure iurando, quantae saluti sint foederum religiones, quam multos divini supplicii metus a scelere revocarit, quamque sancta sit societas civium inter ipsos, diis inmortalibus interpositis tum iudicibus <tum> testibus? Habes legis prooemium; sic enim haec appellat Plato.

[17] QUINTUS: Habeo vero frater, et in hoc admodum delector quod in aliis rebus aliisque sententiis versaris atque ille. Nihil enim tam dissimile quam vel ea quae ante dixisti, vel hoc ipsum de deis exordium. Unum illud mihi videris imitari, orationis genus.

MARCUS: Velle fortasse: quis enim id potest aut umquam poterit imitari? Nam sententias interpretari perfacile est, quod quidem ego facerem, nisi plane esse vellem meus. Quid enim negotii est eadem prope verbis isdem conversa dicere?

QUINTUS: Prorsus adsentior. Verum ut modo tute dixisti, te esse malo tuum. Sed iam exprome si placet istas leges de religione.

[16] e se gli animi assorbiranno questi principî, è certo che non si allontaneranno mai da idee valide e veraci. Cosa vi è infatti di più vero del fatto che nessuno debba essere superbo in una forma tanto sciocca, da credere di avere dentro di sé intelletto e ragione, e negarlo nel cielo e nel mondo? O da pensare che [nessuna] mente governi il movimento di quegli oggetti che a mala pena [possono essere conosciuti da una mente] sia pure di grandissima capacità?[100] Perché mai conviene includere tra gli uomini uno che non si senta costretto alla gratitudine dall'ordine degli astri, dall'alternarsi dei giorni e delle notti, dal variare della temperatura e da tutto ciò che nasce per il nostro vantaggio? In fondo, poiché tutto ciò che è fornito di ragione è superiore a ciò che è privo della ragione, e non è lecito affermare che una singola individualità sia superiore all'universale, si dovrebbe aver fiducia che esista in questa universale natura l'esistenza di una ragione. E chi negherebbe che queste idee siano valide, se ci rendiamo conto di quanti patti si rafforzano con un giuramento, quanto vantaggio apportino gli accordi solenni, quanti siano quelli allontanatisi dalla colpa per il timore della punizione divina, e quanto sia sacra l'unione dei cittadini, quando fra di loro si inseriscono gli stessi dèi immortali, talora come giudici, talora come testimoni? Ecco qui il fondamento della legge; così infatti lo definisce Platone.

[17] QUINTO: - Giusto, fratello, e mi rallegro moltissimo che tu segua argomenti e concetti diversi dai suoi. Non vi è nulla infatti di tanto diverso da quanto hai detto o dalla stessa introduzione sulle divinità; questo soltanto mi sembra che tu voglia imitare, cioè il genere del discorso.

Marco: - Forse lo vorrei; ma chi potrebbe, o potrà mai imitarlo? Infatti è facilissimo tradurre i concetti; cosa che vorrei fare, se non preferissi essere del tutto originale. Quale difficoltà infatti vi sarebbe ad esprimere le stesse cose, tradotte pressoché con le stesse parole?

Quinto: - Sono completamente d'accordo; però, come appunto tu hai affermato, preferisco che tu sia te stesso. Ma ormai, se ti fa piacere, esponi pure queste leggi sulla religione.

---

[100] Ci sarebbe molto da meditare intorno al concetto di *stulte adrogantem* (follemente orgoglioso) espresso qui con forza da Cicerone.

[18] MARCUS: Expromam equidem ut potero, et quoniam et locus et sermo <haudquaquam> familiaris est, legum leges voce proponam.

QUINTUS: Quidnam id est?

MARCUS: Sunt certa legum verba Quinte, neque ita prisca ut in veteribus XII sacratisque legibus, et tamen, quo plus auctoritatis habeant, paulo antiquiora quam hic sermo <noster> est. Eum morem igitur cum brevitate si potuero consequar. Leges autem a me edentur non perfectae — nam esset infinitum —, sed ipsae summae rerum atque sententiae.

QUINTUS : Ita vero necesse est. Quare audiamus.

[19] MARCUS: «Ad divos adeunto caste, pietatem adhibento, opes amovento. Qui secus faxit, deus ipse vindex erit». «Separatim nemo habessit deos neve novos neve advenas nisi publice adscitos; privatim colunto quos rite a patribus <cultos acceperint>». «<in urbibus> delubra habento. Lucos in agris habento et Larum sedes». «Ritus familiae patrumque servanto». «Divos et eos qui caelestes semper habiti sunt colunto et ollos quos endo caelo merita locaverint, Herculem, Liberum, Aesculapium, Castorem, Pollucem, Quirinum, ast olla propter quae datur homini ascensus in caelum, Mentem, Virtutem, Pietatem, Fidem, earumque laudum delubra sunto, nec ulla vitiorum sacra sollemnia obeunto». «Feriis iurgia <a>movento, easque in famulis operibus patratis habento, idque ut ita cadat in annuis anfractibus descriptum esto». «Certasque fruges certasque bacas sacerdotes publice libanto <hoc> certis sacrificiis ac diebus,

[18] Marco: - Le esporrò certo, secondo le mie capacità, e dal momento che il luogo e la conversazione mi sono familiari, proporrò le leggi con la forma tipica delle leggi.

QUINTO: - Che vuol dire ciò?

Marco: - Ci sono certe espressioni legali, Quinto, non così antiquate come nelle vecchie XII Tavole e nelle leggi sacrate, e nonostate tutto un po' più arcaizzanti di questa nostra conversazione, tali da assumere un'autorità di maggior peso. E, se mi sarà possibile, cercherò di accompagnare questo stile con la brevità. Infatti non riporterò delle leggi complete – cosa che andrebbe per le lunghe –, ma solamente il sommario ed il contenuto dei differenti paragrafi.

Quinto: - È giocoforza procedere così; e allora ascoltiamo.

VIII [19] Marco: - «Si accostino castamente agli dèi, facciano uso della pietà, allontanino lo sfarzo. Se qualcuno agisse in maniera diversa, dio stesso lo punirà. - Nessuno abbia dèi particolari, né nuovi né forestieri, se non pubblicamente riconosciuti; in privato coltivino i [culti che ricevettero] secondo il rito dei loro padri. - Vi siano templi [nelle città]; vi siano boschi sacri nelle campagne e sedi dei Lari. - Conservino i riti della famiglia e dei padri. - Onorino gli dèi, sia quelli da sempre ritenuti celesti, sia quelli che i loro meriti abbiano posti in cielo, Ercole, Libero, Esculapio, Castore, Polluce, Quirino, cosi quelle Virtù, per cui è concesso all'uomo l'ascesa al cielo, Mente, Valore, Pietà Filiale, Fede, e di queste virtù vi siano templi, nemmeno un'ombra dei vizi . – Si celebrino dei solenni sacrifici. - Dalle feste si tengano lontani i litigi, e le osservino per i servi, una volta terminate i lavori, e sia stabilito in modo che ciò cada negli intervalli dell'anno. Determinati frutti e determinate messi, i sacerdoti le offrano pubblicamente. Questo sia compiuto in sacrifici e giorni fissati;

[20] itemque alios ad dies ubertatem lactis feturaeque servanto, idque ne omitti possit, ad eam rem rationem cursus annuos sacerdotes finiunto, quaeque quoique divo decorae grataeque sint hostiae, providento». «Divisque aliis <alii> sacerdotes, omnibus pontifices, singulis flamines sunto. Virginesque Vestales in urbe custodiunto ignem foci publici sempitemum». «Quoque haec privatim et publice modo rituque fiant, discunto ignari a publicis sacerdotibus. Eorum autem genera sunto tria: unum quod praesit caerimoniis et sacris, alterum quod interpretetur fatidicorum et vatium ecfata incognita, quae eorum senatus populusque asciverit. Interpretes autem Iovis optumi maxumi, publici augures, signis et auspiciis operam danto, disciplinam tenento,

[21] sacerdotesque vineta virgetaque et salutem populi auguranto, quique agent rem duelli quique popularem, auspicium praemonento ollique obtemperanto. Divorumque iras providento sisque apparento, caelique fulgura regionibus ratis temperanto, urbemque et agros et templa liberata et effata habento. Quaeque augur iniusta nefasta vitiosa dira deixerit, inrita infectaque sunto, quique non paruerit, capital esto». «Foederum pacis belli indotiarum ratorum fetiales iudices non<tii> sunto, bella disceptanto». «Prodigia portenta ad Etruscos <et> haruspices si senatus iussit deferunto, Etruriaque principes disciplinam doceto. Quibus divis creverint, procuranto, idemque fulgura atque obstita pianto». «Nocturna mulierum sacrificia ne sunto praeter olla quae pro populo rite fient. Neve quem initianto nisi ut adsolet Cereri Graeco sacro».

[20] e al medesimo tempo riservino ad altri giorni una quantità di latte e di animali appena nati; perché ciò non possa essere trascurato, i sacerdoti determinino norma e annue ricorrenze; e provvedano quelle vittime che siano a ogni dio belle e gradite. - Vi sia per ogni dio un sacerdote, per tutti il pontefice, ai singoli i flamini. E le vergini Vestali nella città custodiscano il fuoco perenne del focolare pubblico. - In quale modo e secondo quale rito questo si faccia in pubblico ed in privato, lo apprendano i profani dai pubblici sacerdoti. Di questi, tre siano i tipi, uno che presieda le cerimonie ed i sacrifici, l'altro interpreti le oscure risposte degli indovini e dei vati, che saranno approvate dal senato e dal popolo; inoltre gli interpreti di Giove Ottimo Massimo, i pubblici àuguri, facciano previsioni dai presagi e dagli auspici, osservino la regola,

[21] i sacerdoti, facciano pronostici per i vigneti, i vincheti e la salute del popolo, e quelli che si occuperanno di duelli o deliberazioni per il popolo, consultino gli auspici e li osservino. Prevedano le ire degli dèi e obbediscano, e distinguano le folgori, determinate le regioni del cielo; tengano purificati e consacrati la città, le campagne, i templi. Tutto ciò che l'augure avrà dichiarato iniquo, nefasto, irrituale, di cattivo augurio, sia privo di effetto e come non fatto; e chi non l'osservi, a morte sia condannato».

IX. «Della ratifica degli atti di pace, di guerra, di tregua siano i feziali giudici, messaggeri, discutano della guerra. -Riferiscano i prodigi, i portenti ad aruspici etruschi, se il senato lo comandò, e l'Etruria ammaestri nella disciplina gli ottimati. Agli dèi cui sia stato attribuito per decreto, facciano sacrifici ed i medesimi facciano espiazioni delle folgori e delle cose folgorate. - Non vi siano riti notturni di donne, salvo quelli che legalmente si faranno secondo decreto del popolo; né inizino alcuno secondo il rito greco, se non a Cerere, come consentito dall'usanza.

[22] «Sacrum commissum quod neque expiari poterit impie commissum esto; quod expiari poterit publici sacerdotes expianto». «Loedis publicis quod sive curriculo et <sine> certatione corporum <sive> cantu et fidibus et tibiis fiat, popularem laetitiam moderanto eamque cum divum honore iungunto». «Ex patriis ritibus optuma colunto». «Praeter Idaeae Matris famulos eosque iustis diebus ne quis stipem cogito». «Sacrum sacrove commendatum qui clepsit rapsitve, parricida esto». «Periurii poena divina exitium, humana dedecus». «Incestum pontifices supremo supplicio sanciunto». «Impius ne audeto placare donis iram deorum». «Caute vota reddunto». «Poena violati iuris esto». «<quocirca> Nequis agrum consecrato». «Auri, argenti, eboris sacrandi modus esto». «Sacra privata perpetua manento». «Deorum Manium iura sancta sunto. <Bo>nos leto datos divos habento. Sumptum in ollos luctumque minuunto».

[23] ATTICUS: Conclusa quidem est a te magna lex sane quam brevi! Sed ut mihi quidem videtur, non multum discrepat ista constitutio religionum a legibus Numae nostrisque moribus.

MARCUS: An censes, quom in illis de re publica libris persuadere videatur Africanus, omnium rerum publicarum nostram veterem illam fuisse optumam, non necesse esse optumae rei publicae leges dare consentaneas?

ATTICUS : Immo prorsus ita censeo.

MARCUS: Ergo adeo expectate leges, quae genus illud optumum rei publicae contineant, et si quae forte a me hodie rogabuntur, quae non sint in nostra re publica nec fuerint, tamen <fu>erunt fere in more maiorum, qui tum ut lex valebat.

[22]- Un sacrilegio commesso che non potrà essere espiato, sia come una empietà commessa; quello che potrà essere espiato, lo espiino i pubblici sacerdoti. - Nei pubblici giochi, ove avvengano, sia con corse, sia con gare ginniche, moderino la popolare letizia nel canto e nelle cetre e nei flauti, e questa uniscano alle onoranze agli dèi. - Dei patrii riti coltivino gli ottimi. - Eccetto i servi della madre Idea, e questi in giorni fissati per legge, nessuno faccia collette. -Chi ruberà o rapirà cosa sacra o consacrata, sia parricida. - Dello spergiuro pena divina sia la morte, quella umana l'infamia. - I pontefici puniscano con la pena massima l'incesto. - L'empio non osi placare l'ira divina con doni. - Vi sia cautela nel fare voti; vi sia una pena per un diritto violato. Perciò nessuno consacri campagne. Vi sia un limite nel consacrare oro, argento, avorio. - I riti privati siano perpetui. - Inviolabili siano i diritti degli dèi Mani. Considerino dèi i buoni deceduti; per essi siano ridotti la spesa ed il lutto».

X. [23] ATTICO: - Hai sintetizzato una grande legge nella forma più breve! Ma, a parere mio, questa Costituzione religiosa non differisce molto dalle leggi di Numa e dalle nostre usanze.

MARCO: - Poiché in quei libri *Sullo Stato* sembra che l'Africano dichiari, di tutti gli ordinamenti civili, che quello nostro antico è stato il migliore, forse non ritieni che si debbano attribuire leggi adeguate ad un ottimo Stato?

ATTICO: - In realtà la penso esattamente così.

MARCO: - Ed allora aspettatevi delle leggi che governino quel tipo ottimo di Stato, e se per caso io oggi ne proporrò alcune che non esistono né esisteranno nel nostro Stato, esse tuttavia sono esistite più o meno come consuetudine degli antenati, che aveva all'epoca forza di legge.

[24] ATTICUS: Suade igitur si placet istam ipsam legem, ut ego 'ut ei tu rogas' possim dicere.

MARCUS: Ain tandem Attice? Non es dicturus aliter?

ATTICUS: Prorsus maiorem quidem rem nullam sciscam aliter, in minoribus si voles remittam hoc tibi.

QUINTUS: Atque mea quidem <eadem> sententia est.

MARCUS: At ne longum fiat videte.

ATTICUS: Utinam quidem! Quid enim agere malimus?

MARCUS: Caste iubet lex adire ad deos, animo videlicet in quo sunt omnia; nec tollit castimoniam corporis, sed hoc oportet intellegi, quom multum animus corpori praestet, observeturque ut casto corpore adeatur, multo esse in animis id servandum magis. Nam illud vel aspersione aquae vel dierum numero tollitur, animi labes nec diuturnitate evanescere nec amnibus ullis elui potest.

[25] Quod autem pietatem adhiberi, opes amoveri iubet, significat probitatem gratam esse deo, sumptum esse removendum. Quom enim paupertatem cum divitiis etiam inter homines esse aequalem velimus, cur eam sumptu ad sacra addito deorum aditu arceamus? Praesertim cum ipsi deo nihil minus gratum futurum sit, quam non omnibus patere ad se placandum et colendum viam. Quod autem non iudex sed deus ipse vindex constituitur, praesentis poenae metu religio confirmari videtur. Suosque deos aut novos aut alienigenas coli confusionem habet religionum et ignotas caerimonias nos<tris> sacerdotibus.

[24] ATTICO: - Illustraci dunque, se lo consenti, proprio questa legge, affinchè io possa pronunciare il detto «Sia come tu proponi!».

MARCO: - Questo tu dici? Non hai intenzione di dire qualcosa di diverso, Attico?

ATTICO: - Certamente non mi pronuncerò mai in modo divergente intorno alle questioni più importanti, ed in quelle di minor importanza, se vuoi, mi rimetterò a te.

QUINTO: - Sono anch'io dello [stesso] parere.

MARCO: - Ma badate che non diventi cosa lunga.

Attico: - Magari fosse così! Che cosa infatti potremmo preferire di fare?

MARCO: - La legge ordina di accostarsi con purezza agli dèi, purezza d'animo naturalmente, poiché in essa tutto è compreso; non esclude però la purezza del corpo, ma occorre che si capisca questo, cioè che, essendo l'anima considerata superiore al corpo, se ci si deve presentare con purezza di corpo, questo principio sarebbe molto più necessario osservarlo nell'anima. Quello infatti può essere purificato o con lustrazioni o col trascorrere di un certo numero di giorni; ma la macchia dell'anima non può né svanire col tempo né detergersi con l' acqua di un fiume.

[25] Il fatto poi che essa imponga di usare la pietà e di eliminare il fasto, significa che l'onestà è gradita al dio, e che il lusso deve essere tenuto lontano. Quindi, anche tra gli uomini vogliamo che povertà e ricchezza si equivalgano; e allora perché mai vorremmo tenere lontana la prima dall'accostamento agli dèi, aggiungendo il lusso al culto? A maggior ragione che niente sarebbe meno gradito al dio di questo, ovvero che la via per placarlo ed onorarlo non fosse aperta a tutti. E che non un giudice, ma il dio stesso si è costituito vendicatore, è dovuto al fatto che il sentimento religioso sembra essere rafforzato dal timore di una punizione immediata. Venerare poi degli dèi personali, o nuovi o forestieri, comporterebbe la confusione dei culti e dei riti sconosciuti ai nostri sacerdoti.

[26] Nam <a> patribus acceptos deos ita placet coli, si huic legi paruerint ipsi patres. Delubra esse in urbibus censeo, nec sequor magos Persarum quibus auctoribus Xerses inflammasse templa Graeciae dicitur, quod parietibus includerent deos, quibus omnia deberent esse patentia ac libera, quorumque hic mundus omnis templum esset et domus.

XI Melius Graii atque nostri, qui ut augerent pietatem in deos, easdem illos urbis quas nos incolere voluerunt. Adfert enim haec opinio religionem utilem civitatibus, si quidem et illud bene dictum est a Pythagora doctissimo viro, tum maxume et pietatem et religionem versari in animis, cum rebus divinis operam daremus, et quod Thales qui sapientissimus in septem fuit, homines existimare oportere, omnia <quae> cernerent deorum esse plena; fore enim omnis castioris, veluti quom in fanis essent maxime religiosis. Est enim quaedam opinione species deorum in oculis, non solum in mentibus.

[27] Eandemque rationem luci habent in agris, neque ea quae a maioribus prodita est cum dominis tum famulis, posita in fundi villaeque conspectu, religio Larum repudianda est. Iam ritus familiae patrumque servare, id est, quoniam antiquitas proxume accedit ad deos, a dis quasi traditam religionem tueri. Quod autem ex hominum genere consecratos, sicut Herculem et ceteros, coli lex iubet, indicat omnium quidem animos inmortalis esse, sed fortium bonorumque divinos.

[26] Si stabilisce infatti che siano venerati gli dèi tramandati dai padri, a condizione che i padri stessi abbiano seguito questa legge. Io ritengo che nelle città vi debbano essere dei templi, e non concordo con i magi dei Persiani, per consiglio dei quali si dice che Serse bruciò i templi della Grecia, perché rinchiudevano entro pareti quegli dèi ai quali tutto dovrebbe essere aperto e libero, e dei quali tutto questo mondo è tempio e sede.

XI. Meglio si comportarono invece i Greci ed i nostri padri, i quali vollero che essi abitassero le stesse città nostre, affinché aumentasse la pietà verso gli dèi; questa credenza sostiene infatti che il culto sia utile alle città, se, come disse il dottissimo Pitagora, proprio allora la pietà ed il culto maggiormente si radicano negli animi, cioè quando ci dedichiamo alle cose divine; e ricordiamo il detto di Talete[101], uno dei sette sapienti, che gli uomini sono convinti che tutto [quanto] vedono debba essere pieno di dèi; tutti saranno infatti più puri, come se si trovassero in templi che ispirano la massima religiosità . Secondo questo concezione, infatti, si presenta una certa immagine degli dèi non soltanto negli animi, ma anche innanzi agli occhi.

[27] Identica giustificazione hanno nelle campagne i boschi sacri. Né si deve ripudiare il culto tramandato dagli antenati tanto per i padroni quanto per i servi, quello dei Lari, la cui sede sta di fronte alla villa e al podere. Quindi osservare i riti della famiglia e degli antenati significa questo, conservare un culto quasi tramandato dagli stessi dèi, perché gli antichi vengono a trovarsi assai vicino agli dèi. La legge prescrive poi di onorare quanti tra gli uomini vennero divinizzati, come Ercole e gli altri, indicando così che le anime di tutti sono immortali, ma divine soltanto quelle dei forti e dei buoni.

---

[101] Figlio di Esamia e di Cleobuline, Talete nacque a Mileto tra il 639 ed il 546 a.C.; secondo la filosofia di Talete, com'è noto, l'acqua sarebbe il primo principio del mondo visibile (DIOGENE LAERZIO, *Vite e dottrine dei più celebri filosofi*, I, 27).

[28] Bene vero quod Mens, Pietas, Virtus, Fides consecrantur humanae, quarum ommum Romae dedicata publice templa sunt, ut illas qui habeant — habent autem omnes boni — deos ipsos in animis suis conlocatos putent. Nam illud vitiosum Athenis quod Cylonio scelere expiato, Epimenide Crete suadente, fecerunt Contumeliae fanum et Inpudentiae, <magnumque consecravit gymnasiis in simulacra Amorum et Cupidinum quod Graeciasuscepit consilium audax>. Virtutes enim, non vitia consecrari decet. Araque vetusta in Palatio Febris et altera Esquiliis Malae Fortunae detest<anda>, atque omnia eius modi repudianda sunt. Quodsi fingenda nomina, Vicaepotae potius vincendi atque potiundi, Statae standi, cognominaque Statoris et Invicti Iovis, rerumque expetendarum nomina, Salutis, Honoris, Opis, Victoriae, quoniamque exspectatione rerum bonarum erigitur animus, recte etiam Spes a Calatino consecrata est. Fortunaque sit vel Huiusce diei — nam valet in omnis dies —, vel Respiciens ad opem ferendam, vel Fors in quo incerti casus significantur magis, vel Primigenia a gignendo comes.

[28] Ed è bene che siano consacrate la Ragione, la Pietà, la Virtù, la Fede; a tutte queste sono dedicati in Roma dei templi in maniera tale che, tutti quelli che le posseggono - e le posseggono tutti i buoni - pensino di avere nel loro animo gli dèi stessi. Colpevole azione fu, in realtà quella degli Ateniesi; per espiare il delitto commesso contro Cilone[102], dietro consiglio del cretese Epimenide essi innalzarono un tempio all'Offesa ed all'Impudenza, [e per di più grande, e fece consacrare nei ginnasi le statue degli Amorini e dei Cupidi, consiglio audace che la Grecia accettò]. Sarebbe logico infatti consacrare le virtù, non i vizi. E l'antico altare alla Febbre sul Palatino e l'altro sull'Esquilino alla Cattiva Fortuna e tutte le opere di questo genere per noi esecrabili sono da ripudiare. Infatti, se sarà necessario personificare dei nomi, lo saranno piuttosto quello di Vica Pota[103], da vincere ed impadronirsi, di Stata[104] da conservare, di Giove Statore ed Invitto[105] e di quante altri beni sono desiderabili, della Salute[106], dell'Onore, dell'Abbondanza[107], della Vittoria[108]. E poiché l'animo si conforta nell'attesa dei beni, giustamente fu consacrata da Calatino[109] anche la Speranza[110]. E sia divinizzata anche la Fortuna, o Quella del giorno[111] – vale difatti per tutti i giorni –, o Quella che guarda indietro per recar aiuto[112], o la Fortuita, con cui si rappresentano piuttosto gli avvenimenti incerti, o la Primigenia[113], la prima nascita, compagna ora nel momento del concepimento.

---

[102] Cilone Ateniese, discendente degli Eupatridi, sposò la figlia di Teagene, tiranno di Megara. Nel 612 a.C., postosi a capo di una congiura per impadronirsi del potere, occupò militarmente l'Acropoli durante le Olimpiadi, ma Megacle circondò la rocca con i soldati regolari; Cilone ed il fratello fuggirono, mente i loro seguaci, nonostante la promessa di grazia fatta in nome di Atena, furono passati per le armi una volta arresisi. Per questo atto empio Megacle e la sua famiglia, gli Alcmeonidi, vennero maledetti. La loro colpa fu espiata ritualmente da Epimenide di Creta, membro dei Cureti (DIOGENE LAERZIO, *Vite e dottrine dei più celebri filosofi*, I, 10).

[103] Dea identificata con la Vittoria, le era dedicato un tempio sulla Velia (TITO LIVIO, *Storia di Roma dalla sua fondazione*, II, 7).

[104] Alla dea Stata era eretta una statua nel Foro; considerata la patrona contro gli incendi, era associata al dio Vulcano.

[105] Il culto di Giove Statore ("colui che ferma") risale ai tempi di Romolo, che gli votò un tempio quando frenò la fuga dei suoi uomini che stavano ritirandosi contro i Sabini (TITO LIVIO, *Storia di Roma dalla sua fondazione*, I, 12); Giove Invitto aveva invece una festa speciale alle Idi di giugno (OVIDIO, *Fasti*, VI, 650).

[106] La Salute (*Salus*) possedeva un tempio sul Quirinale, edificato nel 302 a. C. ogni anno, quando i consoli entravano in carica, le presentavano l'*augurium salutis*, chiedendo agli dèi la salvezza della città.

[107] Ovvero Opis, la cui festa (*Opiconivia*) si celebrava il 25 agosto. Questa dea, moglie di Saturno, era identificata con la Rea dei Greci. Aveva un tempio davanti al Clivio Capitolino, dalla parte del Foro.

[108] Le era dedicato un tempio sul Palatino ed in suo onore si celebrava una festa il 12 aprile, in cui si riprendevano le spedizioni militari dopo la pausa invernale.

[109] Aulo Attilio Calatino (da Calatia, nella Campania) fu console nel 258 a.C. combatté con esto felice all'assalto di Camarina, in Sicilia e nel 254 a.C., allorché prese e saccheggiò Panormo (l'attuale Palermo). Nel 249 a.C. fu dittatore e due anni dopo censore.

[110] La Speranza (*Spes*) aveva in Roma diversi templi (TACITO, *Annali*, II, 49) e la sua festa cadeva il 1° agosto.

[111] S'intende la Fortuna che favorisce ora questa persona ora tal'altra, mutando quotidianamente; aveva un tempio nei pressi del Circo Massimo e uno in Campo Marzio.

[112] La dea Fortuna *Respiciens* ("che guarda indietro") era chiamata così in quanto si volgeva a spiare attentamente coloro che intendeva favorire. Aveva un tempio presso le rive del Tevere, non lontano dalla città.

[113] Era così chiamata perché accompagnava l'uomo fin dal primo momento della nascita o perché ne determinava il destino sin dal primo momento. Aveva un tempio sul Campidoglio, eretto da re Servio Tullio, e uno sul Quirinale, in cui si venerava contemporaneamente anche come *Fortuna Publica*.

XII [29] Tum feriarum festorumque dierum ratio in liberis requietem habet litium et iurgiorum, in servis operum et laborum; quas conpositio anni conferre debet ad perfectionem operum rusticorum. Quod <ad> tempus ut sacrificiorum libamenta serventur fetusque pecorum quae dicta in lege sunt, diligenter habenda ratio intercalandi est, quod institutum perite a Numa posteriorum pontificum neglegentia dissolutum est. Iam illud ex institutis pontificum et haruspicum non mutandum est, quibus hostiis immolandum quoique deo, cui maioribus, cui lactentibus, cui maribus, cui feminis. Plures autem deorum omnium, singuli singulorum sacerdotes et respondendi iuris et conficiendarum religionum facultatem adferunt. Quomque Vesta quasi focum urbis, ut Graeco nomine est appellata — quod nos prope idem <ac> Graecum, <non> interpretatum nomen tenemus —, conplexa sit, ei colendae <VI> virgines praesint, ut advigiletur facilius ad custodiam ignis, et sentiant mulieres <in> naturam feminarum omnem castitatem pati.

[30] Quod sequitur vero, non solum ad religionem pertinet sed etiam ad civitatis statum, ut sine iis, qui sacris publice praesint, religioni privatae satis facere non possint. Continet enim rem publicam, consilio et auctoritate optimatium semper populum indigere, discriptioque sacerdotum nullum iustae religionis genus praetermittit. Nam sunt ad placandos deos alii constituti, qui sacris praesint sollemnibus, ad interpretanda alii praedicta vatium, neque multorum ne esset infinitum, neque ut ea ipsa quae suscepta publice essent quisquam extra conlegium nosset.

XII. [29] L'osservanza delle ferie[114], cioè dei giorni festivi, comporta per gli uomini liberi la tregua delle liti e delle contese, per i servi quella dei lavori e delle fatiche; ed il calendario annuale deve metterle in relazione con il termine dei lavori agricoli. Bisogna stare attenti ai giorni intercalari per il periodo in cui vengono presentate le offerte sacrificali ed i nati del bestiame, secondo le norme della legge; tale regola, stabilita egregiamente da Numa, venne poi vanificata dalla negligenza dei pontefici successivi[115]. Ed ancora, delle prescrizioni dei pontefici e degli aruspici non bisogna mutare nulla di quanto concerne la scelta delle vittime da sacrificare a ciascun dio, a chi offrire le adulte ed a chi le lattanti, a chi i maschi ed a chi le femmine. Inoltre parecchi sacerdoti per tutti gli dèi ed uno particolare per ciascuno, danno la possibilità di interpretare le norme giuridiche e di celebrare i riti. Poiché Vesta, come fu chiamata con un nome greco - che noi mantenemmo quasi tale e quale senza tradurlo -, presiede al focolare della città, sia circondata, le stiano accanto sei fanciulle per vigilare più facilmente la custodia del fuoco e perché le donne sappiano che anche la natura femminile può affrontare l'assoluta castità.

[30] Quanto segue, non riguarda soltanto la religione, ma anche la costituzione civile, col precetto che non si possa attendere ai culti privati senza la presenza di coloro i quali presiedono pubblicamente al culto; tale norma significa infatti che lo Stato ed il popolo hanno sempre bisogno del consiglio e dell'autorità degli ottimati. La distinzione dei sacerdoti non trascura alcun genere di culto legittimo. Gli uni infatti sono stabiliti per placare gli dèi, per presiedere le cerimonie solenni, gli altri per interpretare i responsi dei vati, e non già di molti, che non si finirebbe più; questo perchè nessun estraneo al collegio possa venire a conoscenza delle profezie riconosciute dai pubblici poteri.

---

[114] Presso i Romani i giorni si distinguevano in *festi*, o sacri al culto religioso, ed in *profesti*, o dedicati al lavoro e agli affari pubblici e privati. I *dies festi* si dicevano anche *feriae*, distinte in pubbliche e private: le pubbliche erano feste regolari, fissate annualmente o arbitrariamente di volta in volta e ordinate tassativamente da circostanze liete o dolorose, mentre le private si celebravano ad opera di singole persone o famiglie, per esempio in occasione di nascite, funerali, etc.

[115] Secondo la tradizione Romolo aveva diviso l'anno in 10 mesi, a cui Numa Pompilio aveva aggiunto altri due (gennaio e febbraio), ottenendo così un calendario lunare di 355 giorni, e per pareggiarlo a quello solare ordinò che si inserisse ogni due anni un mese intercalare (o *Mercedonius*) tra il 23 ed il 24 febbraio. Fu la riforma calendariale di Giulio Cesare a rimettere ordine in questo stato confusionario di cose.

[31] Maximum autem et praestantissimum in re publica ius est augurum cum auctoritate coniunctum, neque vero hoc quia sum ipse augur ita sentio, sed quia sic existimari nos est necesse. Quid enim maius est, si de iure quaerimus, quam posse a summis imperiis et summis potestatibus comitiatus et concilia vel instituta dimittere vel habita rescindere? Quid gravius quam rem susceptam dirimi, si unus augur 'alio <die>' dixerit? Quid magnificentius quam posse decernere, ut magistratu se abdicent consules? Quid religiosius quam cum populo, cum plebe agendi ius aut dare aut non dare? Quid, legem si non iure rogata est tollere, ut Titiam decreto conlegi, ut Livias consilio Philippi consulis et auguris? Nihil domi, nihil militiae per magistratus gestum sine eorum auctoritate posse cuiquam probari?

[31] Grandissimi ed importantissimi sono infatti nello Stato i diritti e l'autorità degli àuguri. Tuttavia io non la penso così, perché sono anch'io un augure, ma perché pensarla così è una necessità. Se difatti ci interessiamo al diritto, quale facoltà esiste maggiore del poter troncare se incominciate, o annullare se già tenute, le assemblee e le adunanze convocate dalle più alte autorità militari e dai più alti poteri dello Stato? Che vi è di più serio dell'interrompere un affare incominciato, se un augure ha detto «ad altro giorno»?[116] E cosa c'è più straordinaria della facoltà di decidere che i consoli rinuncino alla loro carica? o cosa più solenne del concedere o rifiutare il diritto di trattare col popolo, con la plebe? Che cosa, dunque? Annullare una legge proposta illegalmente, come nel caso della Tizia, per decreto del collegio[117]; come nel caso delle Livie, su proposta del console ed augure Filippo?[118] Il poter dimostrare a ciascuno che nulla si può fare per mezzo dei magistrati senza la loro autorità, né in pace, né in guerra?

---

[116] Quando si dovevano trattare importanti affari di Stato, e specialmente allorché avevano luogo i comizi per le elezioni o altro scopo, l'augure, dietro invito del magistrato, effettuava la *spectio*, compiuta la quale ne riferiva l'esito, se favorevole, con la *nuntiatio*, se sfavorevole con l'*obnuntiatio*, che si esprimeva con la formula «[Si rimandi il tutto] ad altro giorno (*alio die*)».

[117] Vedi nota a II, 14.

[118] Lucio Marcio Filippo nacque nel 125 a.C.; fu tribuno della plebe nel 104 a.C. e console nel 91 a.C. Con l'aiuto degli ottimati si adoperò per abolire le leggi di Livio Druso e parteggiò per Silla contro Mario. Cicerone lodò grandemente la sua capacità oratoria (CICERONE, *Bruto*, 47). Possedeva uno spirito molto arguto, ed era un buon conoscitore della letteratura greca (ORAZIO, *Epistole*, I, 7, 45).

XIII [32] ATTICUS: Age iam ista video fateorque esse magna. Sed est in conlegio vestro inter Marcellum et Appium optimos augures magna dissensio — nam eorum ego in libros incidi —, cum alteri placeat auspicia ista ad utilitatem esse rei publicae composita, alteri disciplina vestra quasi divinari videatur posse. Hac tu de re quaero quid sentias.

MARCUS: Egone? Divinationem, quam Graeci *mavtikev* appellant, esse sentio, et huius hanc ipsam partem quae est in avibus ceterisque signis <quod> disciplinae nostrae. Si enim deos esse concedimus, eorumque mente mundum regi, et eosdem hominum consulere generi, et posse nobis signa rerum futurarum ostendere, non video cur esse divinationem negem.

XIII. [32] ATTICO: - Sì, osservo e ammetto che tutto ciò è importante; ma esiste un grave dissenso nel vostro collegio tra gli àuguri migliori, Marcello ed Appio[119] – infatti anch'io mi sono imbattuto nei loro libri –, sostenendo l'uno che gli auspici furono studiati per vantaggio dello Stato, mentre all'altro sembra che con la vostra scienza si possa quasi aver la conoscenza del futuro. Ti prego di esprimere il tuo pensiero su tale questione.

MARCO: - Io? Personalmente ritengo che effettivamente esista la divinazione, che i Greci chiamano «mantica», ed in particolare quella sua parte che riguarda i presagi degli uccelli e quegli altri segni che fanno parte della nostra scienza. Se ammettiamo infatti che esistano gli dèi, e che il mondo sia governato dal loro intelletto, e che essi stessi provvedano al genere umano e abbiano il potere di mostrarci i presagi degli eventi futuri, non vedo perché dovrei negare l'esistenza della divinazione.

---

[119] Caio Claudio Marcello fu acerrimo avversario di Cesare, nonché collega di Cicerone nell'augurato. Scrisse un libro in cui dimostrava come il diritto degli auguri fosse un valido sostegno della *civitas*, e come tale appunto ideato e coltivato; invece Appio Claudio Pulcro, anch'egli collega di Cicerone, nel suo libro *De augurali disciplina*, intese provare come l'arte divinatoria avesse un fondamento sinceramente religioso, a prescindere da qualunque religione di Stato.

[33] Sunt autem ea quae posui, ex quibus id quod volumus efficitur et cogitur. Iam vero permultorum exemplorum et nostra est plena res publica et omnia regna omnesque populi cunctaeque gentes, <ex> augurum praedictis multa incredibiliter vera cecidisse. Neque enim Polyidi neque Melampodis neque Mopsi neque Amphiarai neque Calchantis neque Heleni tantum nomen fuisset, neque tot nationes id ad hoc tempus retinuissent, ut Phrygum, Lycaonum, Cilicum maximeque Pisidarum, nisi vetustas ea certa esse docuisset. Nec vero Romulus noster auspicato urbem condidisset, neque Atti Navi nomen memoria floreret tam diu, nisi omnes hi multa ad veritatem admirabilia dixissent. Sed dubium non est quin haec disciplina et ars augurum evanuerit iam et vetustate et neglegentia. Ita neque illi adsentior qui hanc scientiam negat umquam in nostro collegio fuisse, neque illi qui esse etiam nunc putat. Quae mihi videtur apud maiores fuisse duplex, ut ad rei publicae tempus non numquam, ad agendi consilium saepissime pertineret.

[33] Esiste dunque ciò che ho detto nella premessa, dal che si conclude necessariamente quanto vogliamo. Certamente la storia del nostro paese è ormai piena di moltissimi esempi, e tutti i regni ed i popoli e le nazioni (testimoniano) che molti fatti incredibili ma veri accaddero secondo le profezie degli àuguri. Non sarebbe stata così grande la fama di Poliido[120] né di Melampo[121] né di Mopso[122] né di Amfiarao[123] né di Calcante[124] né di Eleno[125], né tante nazioni avrebbero perpetuato quest'arte fino ad oggi, come quella dei Frigi, dei Licaoni, dei Cilici e soprattutto dei Pisidi, se gli antichi non avessero attestato la veridicità di quelle profezie. Nemmeno il nostro Romolo avrebbe rispettato gli auspici per fondare la città, né il nome di Atto Navio[126] sarebbe rimasto tanto a lungo nel nostro ricordo, se tutti costoro non avessero pronunziato molti sorprendenti vaticini conformi a verità. Ma non c'è alcun dubbio che tutto il complesso di questa scienza ed arte augurale sia ormai svanita per vetustà e trascuratezza. Non sono quindi d'accordo né con chi afferma che non è mai esistita una simile scienza nel nostro collegio, né con chi la ritiene tuttora esistente. A me pare che questa scienza ed arte abbia avuto due aspetti presso i nostri antenati, sì da coinvolgere talvolta circostanze politiche, ma molto spesso da dettare norme di comportamento.

---

[120] Poliido di Corinto era figlio di Cerano e nipote di Abante, pronipote di Melampo, padre di Euchenore, di Astycatia e di Manto. Ebbe fama di grande indovino (cfr. PAUSANIA, *Periegesi della Grecia*, I, 43; PINDARO, *Olimpiche*, XIII, 103; APOLLODORO, *Biblioteca*, III, 3).

[121] Melampo era figlio di Amitaone e fratello di Briante ed era considerato il fondatore del culto di Dioniso in Grecia (ERODOTO, *Storie*, II, 49). Si trasferì da Messene ad Argo, dove sposò Ifianassa, figlia di Preto, da cui ebbe i figli Mantios e Antifate (ERODOTO, *Storie*, II, 15, 225; IX, 34; APOLLODORO, *Biblioteca*, I, 9, 21).

[122] Figlio di Ampyco e della ninfa Clori, prese parte alla spedizione degli Argonauti alla ricerca del vello d'oro in qualità di indovino; morì in Libia per il morso di un serpente.

[123] Figlio di Oicle e di Ipermnestra,, prese parte anch'egli alla spedizione degli Argonauti e poi alla prima guerra dei Sette contro Tebe. Sposò Erifile, sorella di re Adrasto, da cui ebbe i figli Alcmeone ed Anfiloco. Messo in fuga dai Tebani, morì inghiottito dalla terra presso Ismeno; vicino ad Oropo, dove riapparve dopo la sparizione, gli fu dedicato un tempio, i cui resti furono scoperti dagli archeologi nel 1850.

[124] Su Calcante, indovino greco della guerra di Troia, si veda OMERO, *Iliade*, I, 69-72.

[125] Figlio del re troiano Priamo, espertissimo nell'arte di predire il futuro (OMERO, *Iliade*, VI, 76), cadde prigioniero dei Greci e fu condotto in Epiro da Neottolemo, figlio di Achille (VIRGILIO, *Eneide*, III, 295 e sgg).

[126] Indovino vissuto ai tempi di Tarquinio Prisco, a cui – per mostrargli di essere infallibile – tagliò di netto una cote con un rasoio (TITO LIVIO, *Storia di Roma dalla sua fondazione*, I, 36).

[34] ATTICUS: Credo hercle ita esse, istique rationi potissimum adsentior. Sed redde cetera.

XIV MARCUS: Reddam vero, et id si potero brevi. Sequitur enim de iure belli, in quo et suscipiendo et gerendo et deponendo ius ut plurimum valeret et fides, eorumque ut publici interpretes essent, lege sanximus. Iam de haruspicum religione, de expiationibus et procurationibus satis esse plane in ipsa lege dictum puto.

ATTICUS: Adsentior, quoniam omnis haec in religione versatur oratio.

MARCUS: At vero quod sequitur quo modo aut tu adsentiare ego reprehendam sane quaero Tite.

ATTICUS: Quid tandem id est?

[35] MARCUS: De nocturnis sacrificiis mulierum.

ATTICUS: Ego vero adsentior, excepto praesertim in ipsa lege sollemni sacrificio ac publico.

MARCUS: Quid ergo aget Iacchus Eumolpidaeque vostri et augusta illa mysteria, si quidem sacra nocturna tollimus? Non enim populo Romano sed omnibus bonis firmisque populis leges damus.

[34] ATTICO: - Per Ercole, io ritengo che sia proprio così, e sopra ogni cosa approvo questa tua interpretazione. Ma esponi tutto il resto.

XIV. MARCO: - Lo esporrò; e, se mi sarà possibile, anche brevemente. Il seguito infatti riguarda il diritto di guerra; nell'intraprenderla e condurla a termine abbiamo sancito per legge che si desse la massima importanza al diritto ed alla lealtà, e che di tali aspetti vi fossero degli interpreti pubblici. Quanto poi al rito degli aruspici, alle espiazioni ed alle purificazioni credo che se ne parli con sufficiente chiarezza nel testo stesso della legge.

ATTICO: - Per me va bene, poiché tutto questo discorso è incentrato sul culto.

MARCO: - Però su ciò che segue vorrei domandarti, o Tito, in che modo tu saresti d'accordo [cosicché] io possa riprendere la discussione.

ATTICO: - Su che punto in particolare?

[35] MARCO: - Sui riti notturni delle donne[127].

ATTICO: - Ma io sono d'accordo, considerato che nella stessa legge si fa eccezione per i riti solenni e pubblici.

Marco: - Ma allora che ne sarà di Bacco e dei nostri Eumolpidi[128] e di quegli augusti misteri, se eliminiamo le cerimonie notturne? Noi non stiamo dando leggi al solo popolo romano, ma a tutti i popoli civili e in possesso di ordinamenti stabili.

---

[127] Sono i riti in onore della *Bona Dea*, il cui culto derivava da quello di Demetra e di Persefone. La sua maggiore festa cadeva i primi di dicembre, e in quell'occasione lle matrone romane si raccoglievano nella casa del rimo magistrato dell'Urbe (o del console o del pretore) e qui celebrano solenni sacrifici, interdetti rigorosamente agli uomini (persino agli animali maschi).

[128] Il trace Eumolpo, sacerdote di Demetra e cantore, si era stabilito ad Eleusi, dove istituì, secondo la leggenda, i misteri di Demetra e di Dioniso, che celebrava con l'aiuto delle figlie di Celeo. Da lui ebbero origine gli Eumolpidi, i quali presiedettero poi sempre al culto dei Misteri Eleusini.

[36] ATTICUS: Excipis credo illa quibus ipsi initiati sumus.

MARCUS : Ego vero excipiam. Nam mihi cum multa eximia divinaque videntur Athenae tuae peperisse atque in vitam hominum attulisse, tum nihil meilus illis mysteriis, quibus ex agresti immanique vita exculti ad humanitatem et mitigati sumus, initiaque ut appellantur ita re vera principia vitae cognovimus, neque solum cum laetitia vivendi rationem accepimus, sed etiam cum spe meliore moriendi. Quid autem mihi displiceat in nocturnis, poetae indicant comici. Qua licentia Romae data quidnam egisset ille qui in saerificium cogitatam libidinem intulit, quo ne inprudentiam quidem oculorum adici fas fuit?

ATTICUS : Tu vero istam Romae legem rogato, nobis nostras ne ademeris.

[36] ATTICO: - Fai un'eccezione, credo, per quei riti ai quali siamo stati iniziati.

MARCO: - Li escluderò, non ho dubbi al riguardo; infatti la tua Atene mi sembra abbia dato origine a molti ed egregi principî umani e religiosi, e li abbia introdotti nella vita umana, ma poi non vi fu niente di meglio di quei misteri, dai quali, venuti fuori da vita rozza ed inumana, siamo stati educati e addolciti alla civiltà, e, quindi si chiamano iniziazioni, perché abbiamo conosciuto i principî della vita nella loro vera essenza; e non solamente abbiamo appreso il modo di vivere con gioia, ma anche quello di morire accompagnati da una speranza migliore. Quello però che a me potrebbe dispiacere nelle celebrazioni notturne, ce lo indicano i commediografi. Se tale concessione fosse fatta in Roma, che mai avrebbe compiuto quel tale, che introdusse con premeditazione la sua libidine in un rito sacro, dove non era lecito gettare uno sguardo neppure involontario?[129]

ATTICO: - Tu proponi dunque questa legge particolare per Roma; ma non togliere a noi le nostre.

---

[129] Allusione a Clodio, che si introdusse nottetempo nella casa di Cesare, travestito da donna, per un incontro segreto con la moglie del grande condottiero, Pompea; scoperto da Aurelia, madre di Cesare, fu processato per aver profanato i riti ma assolto, nonostante la testimonianza portata contro di lui dallo sesso Cicerone, che si attirò così la sua inimicizia.

XV [37] Marcus: Ad nostras igitur revertor. Quibus profecto diligentissime sanciendum est, ut mulierum famam multorum oculis lux clara custodiat, initienturque eo ritu Cereri quo Romae initiantur. Quo in genere severitatem maiorum senatus vetus auctoritas de Bacchanalibus et consulum exercitu adhibito quaestio animadversioque declarat. Atque omnia nocturna — ne nos duriores forte videamur — in media Graecia Pagondas Thebanus lege perpetua sustulit. Novos vero deos et in his colendis nocturnas pervigilationes sic Aristophanes facetissumus poeta veteris comoediae vexat, ut apud eum Sabatius et quidam alii dei peregrini iudicati e civitate eiciantur. Publicus autem sacerdos inprudentiam consilio expiatam metu liberet, audaciam <libid>ines inmittendi religionibus foedas damnet atque inpiam iudicet.

[38] Iam ludi publici quoniam sunt cavea circoque divisi, sint corporum certationes cursu et pugillatu et luctatione curriculisque equorum usque ad certam victoriam <in> circo constitutae, cavea cantui vacet ac fidibus et tibiis, dummodo ea moderata sint ut lege praescribitur. Adsentior enim Platoni nihil tam facile in animos teneros atque mollis influere quam varios canendi sonos, quorum dici vix potest quanta sit vis in utramque partem. Namque et incitat languentis, et languefacit excitatos, et tum remittit animos tum contrahit, civitatumque hoc multarum in Graecia interfuit, antiquom vocum conservari modum; quarum mores lapsi ad mollitias pariter sunt inmutati cum cantibus, aut hac dulcedine corruptelaque depravati ut quidam putant, aut cum severitas morum ob alia vitia cecidisset, tum fuit in auribus animisque mutatis etiam huic mutationi locus.

XV. [37] MARCO: - Allora ritorno alle nostre leggi; e queste certamente dovranno sancire con la massima cautela che una chiara luce custodisca con gli occhi di molti la reputazione delle donne e che esse vengano iniziate a Cerere con quel rito con cui vengono iniziate in Roma[130]. Intorno a quest'argomento l'antica legislazione del Senato sui Baccanali[131] ed il processo e la punizione messa in atto anche con l'impiego dell'esercito consolare, testimoniano la severità dei nostri antenati. Proprio nel centro della Grecia, - tanto per non dare l'impressione che noi [Romani] siamo troppo intransigenti – , il tebano Pagonda soppresse tutte le cerimonie notturne con una legge irrevocabile. Aristofane, il più brillante poeta della commedia antica, sferza tanto le nuove divinità e le prolungate veglie notturne usate nei loro culti, da rappresentarci nella sua opera Sabazio e altre divinità forestiere cacciate dalla città. Un pubblico sacerdote poi deve liberare da ogni timore la colpa involontaria espiata deliberatamente, deve invece condannare e giudicare empia la sfrontatezza nelle [cerimonie] e nell'introdurre riti sconci.

[38] I giochi pubblici, poiché si tengono separatamente nel teatro e nel Circo, siano gare ginniche consistenti in corse, pugilato, lotta e corse di cavalli stabilite per il Circo fino a vittoria sicura, e il teatro invece si dedichi al canto e al suono delle cetre e dei flauti, purché con quella moderazione che la legge prescrive. Ritengo infatti con Platone, che nulla suggestiona di più gli animi sensibili e plasmabili che i varii suoni musicali, dei quali difficilmente si potrebbe dire quanto grande sia l'efficacia in entrambi i sensi: infatti la musica eccita i languidi ed illanguidisce gli eccitati, ed ora distende gli animi, ora li mette su, e interessò a molte città della Grecia conservare l'antico stile musicale. Infatti i loro costumi, rammollitisi, si mutarono insieme con la musica, o corrotti dalla sdolcinatezza e dall'involuzione di essa, come ritengono alcuni, ovvero in seguito alla decadenza della sua severità per causa di altri difetti, anche tale mutamento abbia potuto trovare allora accoglienza in orecchie ed animi già di per sé cambiati.

---

[130] Secondo DIONIGI DI ALICARNASSO, *Antichità romane*, II, 19, in Roma le feste in onore di Cerere (*Ludi Cereris* o *Cerealia*) erano piuttosto edulcorate, ed in esse veniva evitato tutto ciò che potesse renderle indegne o immorali.

[131] Nel 186 a.C. si venne a scoprire che in Roma, cinque volte al mese, uomini e donne tenevano convegni notturni in onore di Bacco (*Bacchanalia*), durante i quali avevano luogo orge e misfatti di varia natura. I consoli Spurio Postumio Albino e Quinto Marcio Filippo, dopo aver consultato il Senato, proibirono tramite decreto quelle adunanze sotto pena di morte (*Senatus consultum de Bacchanalibus*).

[39] Quam ob rem ille quidem sapientissimus Graeciae vir longeque doctissimus valde hanc labem veretur. Negat enim mutari posse musicas leges sine mutatione legum publicarum. Ego autem nec tam valde id timendum nec plane contemnendum puto. Illud quidem <videmus>, quae solebat quondam conpleri severitate iucunda Livianis et Naevianis modis, nunc ut eadem exultet <cavea> * cervices oculosque pariter cum modorum flexionibus torqueant. Graviter olim ista vindicabat vetus illa Graecia, longe providens quam sensim pernicies inlapsa civium [in] animos, malis studiis malisque doctrinis repente totas civitates everteret, si quidem illa severa Lacedaemo nervos iussit quos plures quam septem haberet in Timothei fidibus in<ci>di.

XVI, [40] Deinceps in lege est ut de ritibus patriis colantur optuma. De quocum<que> consulerent Athenienses Apollinem Pythium, quas potissimum religiones tenerent, oraclum editum est 'eas quae essent in more maiorum'. Quo cum iterum venissent maiorumque morem dixissent saepe esse mutatum, quaesissentque quem morem potissimum sequerentur e variis, respondit 'optumum'. Et profecto ita est ut id habendum sit antiquissimum et deo proximum, quod sit optumum. Stipem sustulimus nisi eam quam ad paucos dies propriam Idaeae Matris excepimus. Implet enim superstitione animos et exhaurit domus. Sacrilego poena est, neque ei soli qui sacrum abstulerit, sed etiam ei qui sacro commendatum.

[39] Perciò quel sapientissimo e dottissimo uomo greco[132] teme assai questo contagio. Egli afferma infatti che le leggi della musica non si possono cambiare senza un cambiamento parallelo delle leggi dello Stato[133]. Io poi penso che non ci sia ragione per un così grave timore, ma neppure di tenerne pochissimo conto; certamente vedo bene come quelle teatri, che una volta di solito risonavano della lieta compostezza dei ritmi liviani e neviani, adesso si esaltino distorcendo teste ed occhi insieme alle modulazioni dei suoni. Queste mode un tempo erano represse pesantemente da quella Grecia antica, che vedeva già come quella tara, penetrata a poco a poco nell'animo dei cittadini, con cattive tendenze e nefaste dottrine avrebbe improvvisamente sconvolto intere città, se è vero che la severa Sparta fece tagliar via dalla cetra di Timoteo le corde superiori a sette[134].

XVI. [40] Segue poi nel testo della legge, che dei culti patrii si osservino i migliori; in merito a questo gli Ateniesi consultarono Apollo Pizio[135], per sapere quali culti cioè si dovessero assolutamente mantenere, e l'oracolo rispose: «Quelli che già fossero nell'usanza degli antenati». E dopo essersi recati una seconda volta, dicendo che le usanze dei padri erano spesso mutate, essi chiesero quale usanza fra le tante così varie dovessero seguire in particolare, l'oracolo rispose: «La migliore». E senza dubbio è così, che debba esser considerato più antico e più vicino al dio ciò che è il meglio. Abbiamo soppresso le collette, salvo quella che si fa per pochi giorni in onore della Madre Idea; esse infatti di solito riempiono gli animi di superstizioni e svuotano le case di danaro. Una punizione è stabilita per il sacrilego, e non per quello solo che abbia trafugato un oggetto sacro, ma anche per chi abbia sottratto oggetti affidati a luoghi sacri.

---

[132] Platone.

[133] PLATONE, *Repubblica*, IV, 424, C.

[134] Timoteo di Mileto, musicista († 357 a.C.), accusato di diffondere una musica troppo molle e sofisticata.

[135] Cfr. SENOFONTE, *Memorabili*, IV, 3, 16.

[41] Quod et nunc multis fit in fanis, <et olim> Alexander in Cilicia deposuisse apud Solensis in delubro pecuniam dicitur, et Atheniensis Clisthenes civis egregius, quom rebus timeret suis, Iunoni Samiae filiarum dotis credidisse. Iam de periuriis, de incesto nihil sane hoc quidem loco disputandum est. Donis impii ne placare audeant deos, Platonem audiant, qui vetat dubitare qua sit mente futurus deus, quom vir nemo bonus ab inprobo se donari velit. Diligentiam votorum satis in lege dictum est * ac votis sponsio qua obligamur deo. Poena vero violatae religionis iustam recusationem non habet. Quid ego hic sceleratorum utar exemplis, quorum plenae tragoediae? Quae ante oculos sunt, ea potius adtingam. Etsi haec commemoratio vereor ne supra hominis fortunam esse videatur, tamen quoniam sermo mihi est apud vos, nihil reticebo volamque hoc quod loquar diis inmortalibus gratum potius videri quam grave.

[41] È un deposito che ancora oggi si fa in molti santuari. Si racconta che una volta Alessandro depositò il suo tesoro in Cilicia in un tempio dei Solensi, e che l'ateniese Clistene[136], cittadino illustre, poiché temeva per i suoi beni, affidò la dote delle figlie al tempio di Giunone Samia. Ora non è affatto il caso di discutere degli spergiuri, né dell'incesto. Gli empi non abbiano il coraggio di placare gli dèi con doni, ascoltino piuttosto Platone, il quale vieta in modo tassativo di nutrire dubbi riguardo all'atteggiamento del dio, dato che neppure uno, che sia onesto, desidera ricevere doni da un malvagio. È detto a sufficienza nella legge intorno alla scrupolosità dei voti e alla promessa da cui, per mezzo del voto, siamo vincolati verso la divinità. Ma la punizione per la profanazione di una cerimonia sacra non ammette eccezione legittima. A che fine, infatti, dovrei citare qui esempi di empi, di cui sono colme le tragedie? Toccherò piuttosto quei fatti che stanno davanti agli occhi di tutti. Pur temendo che il rinvangare tali vicende possa sembrare cosa superiore alla condizione umana, tuttavia, parlando assieme a voi, non passerò nulla sotto silenzio, e vorrei che quanto dicessi risultasse gradito agli dèi immortali, piuttosto che offensivo.

---

[136] Figlio di Megacle ed Agarista, nato ad Atee: riformò la costituzione di Solone e fu di parte popolare; venne condannato all'ostracismo e mandò la dote delle proprie figlie, come sacro deposito, nel tempio di Era a Samo, edificato da Rhoeco (640 a.C.), che – assieme al figlio Teodoro – inventò l'arte di fondere le statue in metallo. Secondo ERODOTO, *Storie*, III, 60, assieme a Smili, divennero anche gli ideatori del labirinto di Lemno.

XVII [42] Omnia tum perditorum civium scelere discessu meo religionum iura polluta sunt, vexati nostri Lares familiares, in eorum sedibus exaedificatum templum Licentiae, pulsus a delubris is qui illa servarat: circumspicite celeriter animo — nihil enim attinet quemquam nominari —, qui sint rerum exitus consecuti: nos, qui illam custodem urbis omnibus ereptis nostris rebus ac perditis violari ab impiis passi non sumus eamque ex nostra domo in ipsius patris domum detulimus, iudicia senatus, Italiac, gentium denique omnium conservatae patriae consecuti sumus. Quo quid accidere potuit homini praeclarius? Quorum scelere religiones tum prostratae adflictaeque sunt, partim ex illis distracti ac dissipati iacent; qui vero ex iis et horum scelerum principes fuerant et praeter ceteros in omni religione inpii, non solum <nullo in> vita cruciatu atque dedecore, verum etiam sepultura et iustis exsequiarum carent.

[43] QUINTUS: Equidem ista agnosco frater, et meritas dis gratias ago. Sed nimis saepe secus aliquanto videmus evadere.

MARCUS: Non enim Quinte recte existimamus quae poena divina sit, sed opinionibus vulgi rapimur in errorem, nec vera cernimus. Morte aut dolore corporis aut luctu animi aut offensione iudicii hominum miserias ponderamus, quae fateor humana esse et multis bonis viris accidisse. Sceleri <ipsi in>est poena tristis et praeter eos eventus qui secuntur per se ipsa maxima est: vidimus eos, qui nisi odissent patriam numquam inimici nobis fuissent, ardentis tum cupiditate, tum metu, tum conscientia quid<quid> agerent, modo timentis, vicissim contemnentis religiones, iudicia corrupta ab isdem <corrupta> — hominum, non deorum.

XVII. [42] Alla mia partenza, dal delitto di cittadini scellerati[137] furono contaminate tutte le leggi sacre, profanati i nostri Lari familiari, al loro posto fu edificato un tempio alla Licenza[138], e dagli altari fu scacciato colui che li aveva salvati; considerate rapidamente - non è infatti il caso di fare il nome di alcuno- quali siano state le conseguenze. Noi, che non avevamo permesso che quella custode della città fosse violata dai sacrileghi, pur in mezzo alla distruzione ed alla dispersione dei nostri beni, e l'avevamo trasferita dalla casa nostra in quella del suo genitore, ci siamo meritati il riconoscimento da parte del senato, dell'Italia, ed infine di tutti i popoli, d'avere salvato la patria e che cosa di più eccezionale sarebbe potuta accadere ad un uomo? Coloro invece, per il cui delitto la religione era allora stata calpestata e profanata, in parte se ne stanno dispersi e sbandati; e quanti fra loro erano stati i principali responsabili di questi delitti ed empi più d'ogni altro verso ogni culto, non solo patirono in vita [tormenti] e disonore, ma furono privi di sepoltura e di onoranze funebri.

[43] QUINTO: - Sono a conoscenza di tutto ciò, fratello, e ne ringrazio gli dèi perché lo meritano; ma mi sembra che troppo spesso stiamo divagando un po'.

MARCO: - Infatti non sappiamo valutare esattamente, Quinto, quale sia il castigo divino, ma dalle opinioni del popolino siamo indotti in errore e non vediamo il vero; noi misuriamo le miserie umane o in base alla morte o al dolore fisico o alla tristezza spirituale o all'onta di un processo; tutti fatti che ammetto essere inerenti alla natura umana e che sono accaduti a molti uomini dabbene. Ma la punizione di un delitto è triste, e, pur prescindendo dalle conseguenze, è già gravissima di per se stessa. Vediamo coloro, i quali mai avrei avuto come avversari se non avessero odiato la patria, ora bruciati da cupidigia, ora da timore, ora da rimorso, ora dubbiosi, qualunque cosa facciano, e d'altra parte sprezzanti della religione; i processi inquinati da costoro, per disonestà di uomini, non per volontà degli dèi.

---

[137] Cioè Clodio, l'implacabile nemico di Cicerone, ed i suoi seguaci.
[138] Sulle rovine della casa di Cicerone, da lui fatta abbattere, Clodio costruì un tempio alla Libertà con tanto di statua, che Cicerone (*La Casa*, 131), defisse non un simulacro della Libertà, ma della Licenza.

[44] Reprimam iam me, non insequar longius, eoque minus quo plus poenarum habeo quam petivi. Tantum ponam brevi, duplicem poenam esse divinam, quod constat et ex vexandis vivorum animis et ea fama mortuorum, ut eorum exitium et iudicio vivorum et gaudio conprobetur.

XVIII [45] Agri autem ne consecrentur, Platoni prorsus adsentior, qui si modo interpretari potuero, his fere verbis utitur: «Terra igitur ut focus domiciliorum sacra deorum omnium est. Quocirca ne quis iterum idem consecrato. Aurum autem et argentum in urbibus et privatim et in fanis invidiosa res est. Tum ebur ex inani<mi> corpore extractum haud satis castum donum deo. Iam aes atque ferrum duelli instrumenta, non fani. Ligneum autem quod <quis>que voluerit uno e ligno <di>cato, itemque lapideum, in delubris communibus, textile ne operosius quam mulieris opus menstruum. Color autem albus praecipue decorus deo est, cum in cetero tum maxime in textili; tincta vero absint nisi a bellicis insignibus. Divinissima autem dona aves et formae ab uno pictore uno absolutae die, itemque cetera huius exempli dona sunto». Haec illi placent. Sed ego cetera non tam restricte praefinio, vel hominum <di>vitiis vel subsidiis temporum inductus: terrae cultum segniorem suspicor fore, si ad eam utendam ferroque subigendam superstitionis aliquid accesscrit.

ATTICUS: Habeo ista. Nunc de sacris perpetuis et de Manium iure restat.

MARCUS: O miram memoriam Pomponi tuam! At mihi ista exciderant.

[44] Ma adesso devo fermarmi, oramai, e non potrei continuare oltre, tanto più che essi subirono punizioni maggiori di quanto io ne avessi richieste; vorrei solamente affermare in poche parole questo, che duplice è la punizione divina, in quanto consiste nel tormentarne l'animo mentre gli uomini sono in vita, e la loro reputazione dopo morti è tale che la loro rovina è accolta dal giudizio e dalla gioia dei viventi.

XVIII. [45] Inoltre mi trovo d'accordo con Platone, che non si debbano consacrare i terreni; infatti, se pure sarò capace di interpretarlo, si esprime press'a poco in questi termini: «La terra dunque, come il focolare domestico, è sacra a tutti gli dèi; perciò nessuno la consacri una seconda volta. L'oro e l'argento, poi, nelle città e nei tempietti privati e nei santuari pubblici suscitano invidia. L'avorio, estratto da un cadavere privo di anima, non è un dono sufficientemente puro per il dio; ed il bronzo ed il ferro sono materiali da guerra, non da templi. Quanto al legno poi, se ne dedichi quello che uno vuole, e del pari per gli oggetti di pietra nei templi pubblici, ma i tessuti non ricamati più di quanto ne possa fare il lavoro di una donna in un mese. Il colore bianco poi è il più adatto alla divinità anche per i manufatti in altro materiale, ma specialmente per quelli di tessuto; non si impieghino tinture se non nelle insegne militari. I doni più degni della divinità sono gli uccelli ed i quadri composti da un solo pittore in un sol giorno di lavoro; e così gli altri doni siano pur essi di tal fatta». Questi sono quanti piacciono a lui; ma per tutto il resto io non porrei limiti così ristretti, indottovi dai difetti umani o dal progresso dei tempi; penso però che la coltivazione della terra diventerebbe più trascurata, se si aggiungesse qualche superstizione nello sfruttarla e nel sottoporla al vomere.

ATTICO: - Mi sono reso conto di tutto; rimane ora da parlare dei culti perpetui e del diritto dei Mani[139].

MARCO: - Che memoria meravigliosa la tua, Pomponio! A me, purtroppo, erano passati di mente.

---

[139] Gli spiriti dei defunti, solitamente benevoli.

[46] ATTICUS: Ita credo. Sed tamen hoc magis eas res et memini et specto, quod et ad pontificium ius et ad civile pertinent.

MARCUS: Vero, et a peritissimis sunt istis de rebus et responsa et scripta multa, et ego in hoc omni sermone nostro, quod ad cumque legis genus me disputatio nostra deduxerit, tractabo quoad potero eius ipsius generis ius civile nostrum, sed ita locus ut ipse notus sit, ex quo ducatur quaeque pars iuris, ut non difficile sit, qui modo ingenio possit moveri, quaecumque nova causa consultatiove acciderit, eius tenere ius, quom scias a quo sit capite repetendum.

XIX [47] Sed iuris consulti, sive erroris obiciundi causa, quo plura et difficiliora scire videantur, sive, quod similius veri est, ignoratione docendi — nam non solum scire aliquid artis est, sed quaedam ars [est] etiam docendi — saepe quod positum est in una cognitione, id in infinita dispertiuntur. Velut in hoc ipso genere, quam magnum illud Scaevolae faciunt, pontifices ambo et eidem iuris peritissimi! «Sae<pe>» inquit Publi filius «ex patre audivi, pontificem bonum neminem esse, nisi qui ius civile cognosset». Totumne? Quid ita? Quid enim ad pontificem de iure parietum aut aquarum aut luminum <ni>si eo quod cum religione coniunctum est? Id autem quantulum est! De sacris credo, de votis, de feriis et de sepulcris, et si quid eius modi est. Cur igitur haec tanta facimus, cum cetera perparva sint, de sacris autem, qui locus patet latius, haec sit una sententia, ut conserventur semper et deinceps familiis prodantur, et ut in lege posui perpetua sint sacra?

[46] ATTICO: - Ne sono convinto. Però mi sono ricordato, e sono in attesa di questi argomenti per il fatto che hanno pertinenza col diritto pontificale e col diritto civile.

MARCO: - Certamente molti giudizi e scritti sono stati lasciati dai più competenti in queste materie; ed in tutta questa nostra conversazione, a qualunque specie di legge ci avrà portati la discussione, tratterò entro i limiti del possibile il nostro diritto civile appunto per quel che riguarda quel genere di leggi, ma in modo tale che sia nota la fonte onde emana ogni parte del diritto, affinchè non riesca difficile, anche con un minimo di intelligenza, qualunque nuova causa o richiesta di parere si presenti, sostenerla sotto l'aspetto giuridico, una volta che si sappia da quale principio sia necessario partire.

XIX. [47] Ma i giuristi, o per sottolineare un errore, al fine di sembrare d'avere una preparazione più vasta e sottile, oppure, il che è più verisimile, per ignoranza di metodo - infatti non soltanto conoscere qualcosa appartiene alla scienza, ma [vi è] pure una scienza dell'insegnare -, spesso dividono all'infinito ciò che si riferisce ad un unico concetto, come appunto in questa materia ampliandola in misura tanto estesa come fanno i due Scevola[140], entrambi pontefici ed espertissimi di diritto. Dice il figlio di Publio: «Ho spesso sentito dire da mio padre che nessuno può essere un buon pontefice, se non conosce il diritto civile». Ma parla forse di una conoscenza completa? E perché? Quanto può importare ad un pontefice del diritto dei muri comuni o delle acque o delle luminarie, se non che abbia attinenza con le faccende del culto? E questo punto quanto è limitato come importanza! Consiste nelle cerimonie, nei voti, nelle feste, nei sepolcri, e se in ciò che vi sia qualcosa di analogo. Perché allora diamo loro tanta importanza? Essendo le altre questioni d'interesse assolutamente limitato, circa le cerimonie del culto, argomento questo più esteso, l'unico principio sia il seguente, che i riti si conservino sempre e si tramandino nelle famiglie, e, come ho esposto nella legge, siano perpetui. Ciò posto, questo diritto per l'autorità dei pontefici fece sì che nemmeno alla morte del capo famiglia venisse a cadere la memoria del culto familiare, ed esso fosse attribuito a coloro che, per la morte del padre, fossero eredi di un patrimonio.

---

[140] Cioè il padre, Publio Muzio Scevola, ed il figlio Quinto Muzio, entrambi profondi conoscitori del diritto.

[48] Hoc posito haec iura pontificum auctoritate consecuta sunt, ut, ne morte patris familias sacrorum memoria occideret, iis essent ea adiuncta ad quos eiusdem morte pecunia venerit. Hoc uno posito, quod est ad cognitionem disciplinae satis, innumerabilia nascuntur quibus implentur iuris consultorum libri. Quaeruntur enim qui adstringantur sacris. Heredum , causa iustissima est; nulla est enim persona quae ad vicem eius qui e vita emigrarit propius accedat. Deinde qui morte testamentove eius tantundem capiat quantum omnes heredes: id quoque ordine, est enim ad id quod propositum est adcommodatum. Tertio loco, si nemo sit heres, is qui de bonis quae eius fuerint quom moritur usu ceperit plurimum possidendo. Quarto qui, si nemo sit qui ullam rem ceperit, de creditoribus eius plurimum servet.

[49] Extrema illa persona est, ut, si is, qui ei qui mortuus sit pecuniam debuerit, nemini <qui> eam solverit, proinde habeatur quasi eam pecuniam ceperit.

XX Haec nos a Scaevola didicimus, non ita descripta ab antiquis. Nam illi quidem his verbis docebant: tribus modis sacris adstringitur: hereditate, aut si maiorem partem pecuniae capiat, aut si maior pars pecuniae legata est, si inde quippiam ceperit.

[50] Sed pontificem sequamur. Videtis igitur omnia pendere ex uno illo, quod pontifi<ces> cum pecunia sacra coniungi volunt, isdemque ferias et caerimonias adscribendas putant. Atque etiam hoc docent Scaevolae, quom est partitio, ut si in testamento deducta scripta non sit, ipsique minus ceperint quam omnibus heredibus relinquatur, sacris ne alligentur. In donatione hoc idem secus interpretantur: <et> quod pater familias in eius donatione qui in ipsius potestate est adprobavit, ratum est; quod eo insciente factum est, si id is non adprobat, ratum non est.

[48] Stabilito questo soltanto, che è sufficiente per la conoscenza della materia, ne nascono innumerevoli corollari, dei quali sono pieni i libri dei giuristi; essi infatti si pongono la questione di chi sia tenuto a provvedere al culto. La posizione di eredi è la più legittima; non vi è infatti persona che subentri più direttamente al posto di chi se ne è andato da questa vita. In secondo luogo, colui che a séguito di una morte e di un testamento venga in possesso di una quota pari a quella di tutti gli eredi messi insieme. Anche questo nell'ordine è conforme al principio che abbiamo enunciato. In terzo luogo, se non esiste alcun erede, colui che avrà fatto sua di fatto la maggior parte dei beni appartenenti al defunto al momento della morte. In quarto luogo, ove non vi sia alcuno che sia venuto in possesso di qualcosa, quello dei creditori che conservi nelle sue mani la maggior parte della sua sostanza.

[49] Ultimo rimane colui che, essendo debitore del defunto e non avendo liquidato a nessuno il suo debito, venga considerato come se fosse venuto in possesso di quella somma.

XX. Tutto questo, che imparammo da Scevola, non era stato oggetto di tante distinzioni da parte degli antichi. Quelli infatti insegnavano con queste parole: in tre modi si è obbligati al culto, o per eredità, o se si viene in possesso della maggior parte del patrimonio, o, se questa è stata lasciata per testamento come lascito, colui che ne abbia preso solo una parte.

[50] Ma continuiamo a tener dietro al pontefice. Vedete dunque che tutto deriva da quell'unico principio, in base al quale i pontefici vogliono che il culto vada connesso al patrimonio ed ai medesimi eredi ritengono che si debba attribuire la celebrazione delle festività e dei riti. E gli Scevola stabiliscono anche questo, che, quando si fa la divisione dei beni, come nel caso in cui non è dichiarata per iscritto nel testamento la somma da dedursi in lascito, se i legatari hanno preso di meno del totale dell'asse ereditario, non siano tenuti al mantenimento del culto. Però quelli medesimi seguono un'altra interpretazione per le donazioni, e quello che il capo famiglia approvò nella donazione di colui che è sotto la sua tutela diventa esecutivo; ciò che invece si fece a sua insaputa, se egli non lo approva, non è esecutivo.

[51] His propositis quaestiunculae multae nascuntur, quas qui non intellegat, si ad caput referat, per se ipse facile perspiciat. Veluti si minus quis cepisset ne sacris alligaretur, at post de eius heredibus aliquis exegisset pro sua parte id quod ab eo quoi ipse heres esset praetermissum fuisset, eaque pecunia non minor esset facta cum superiore exactione quam heredibus omnibus esset relicta, qui eam pecuniam exegisset, solum sine coheredibus sacris alligari. Quin etiam cavent ut, cui plus legatum sit quam sine religione capere liceat, is per aes et libram heredes testamenti solvat, propterea quod eo loco res est ita soluta hereditate, quasi ea pecunia legata non esset.

XXI [52] Hoc ego loco multisque aliis quaero a vobis Scaevolae, pontifices maximi et homines meo quidem iudicio acutissimi, quid sit quod ad ius pontificium civile adpetatis; civilis enim iuris scientia pontificium quodam modo tollitis. Nam sacra cum pecunia pontificum auctoritate, nulla lege coniuncta sunt. Itaquc si vos tantummodo pontifices essetis, pontificalis maneret auctoritas; sed quod idem iuris civilis estis peritissimi, hac scientia illam eludistis. Placuit P. Scaevolae et Ti. Coruncanio pontificibus maximis itemque ceteris, eos qui tantundem caperent quantum omnes heredes sacris alligari. Habeo ius pontificium.

[51] Da queste premesse nascono molte piccole questioni; e chi non ne avrà colto l'essenza, non potrà forse averne piena conoscenza, risalendo al principio fondamentale. Così, nel caso di uno che avesse preso meno dello ciò che gli spettava per non esser tenuto al carico del culto, ed in seguito uno dei suoi eredi pretendesse come sua parte ciò cui aveva rinunciato colui del quale è erede, e questi beni con la parte prelevata prima divenissero non inferiori a quelli lasciati globalmente a tutti gli eredi; colui il quale pretendesse tale parte del patrimonio sarebbe tenuto a provvedere al culto da solo, senza concorso dei coeredi. Anzi, gli Scevola provvedono a che colui, il quale abbia ricevuto un lascito maggiore di quanto gli sarebbe lecito senza accollarsi il carico del culto, questi possa riscattare in contanti gli eredi testamentari dall'obbligo del culto, per questo fatto in tal modo il patrimonio viene liberato dagli obblighi derivanti dall'eredità, quasi che quel denaro non fosse stato trasmesso per testamento.

XXI. [52] Su questa questione, e su molte altre io chiedo a voi Scevola, pontefici massimi e, a mio giudizio, sottilissimi giuristi, per qual ragione aggiungiate al diritto pontificale quello civile; con la conoscenza del diritto civile venite infatti in un certo senso ad annullare quello pontificale. Infatti il culto è connesso col patrimonio soltanto in virtù della vostra autorità di pontefici, ma assolutamente da nessuna legge. Pertanto, se voi foste soltanto pontefici, resterebbe l'autorità pontificale, ma dal momento che siete pure espertissimi di diritto civile, con questa conoscenza vi fate gioco di quella. Publio Scevola e Tito Coruncanio, pontefici massimi, e così tutti gli altri stabilirono che fossero vincolati al culto quelli che avessero ricevuto tanto quanto tutti gli eredi globalmente. Questo il diritto pontificale.

[53] Quid huc accessit ex iure civili? Partitionis caput scriptum caute, ut centum nummi deducerentur: inventa est ratio cur pecunia sacrorum molestia liberaretur. Quodsi hoc qui testamentum faciebat cavere noluisset, admonet iuris consultus hic quidem ipse Mucius, pontifex idem, ut minus capiat quam omnibus heredibus relinquatur. Super<iores> dicebant, quicquid cepisset adstringi: rursus sacris liberatur. Hoc vero nihil ad pontificium ius, sed e medio est iure civili, ut per aes et libram heredem testamenti solvant et eodem loco res sit, quasi ea pecunia legata non esset, <et> si is cui legatum est stipulatus est id ipsum quod legatum est, ut ea pecunia ex stipulatione debeatur, sitque ea non <adligata sacris.>

[54] <Venio ad Manium iura, quae maiores nostri et sapientissime instituerunt et religiosissime coluerent. Februario autem mense, qui tum extremus anni mensis erat, mortuis parentari voluerunt; quod tamen D. Brutus, ut scriptum a Sisenna est, Decembri facere solebat. Cuius ego rei causam cum mecum quaererem, Brutum reperiebam in hac re idcirco a more maiorum discessisse, nam Sisennam video causam, cur ille vetus institutum non servaret, ignorare, Brutum antem maiorum nostrorum institutum temere neglexisse non fit mihi veri simile> , doctum hominem sane, cuius fuit Accius perfamiliaris; sed mensem credo extremum anni ut veteres Februarium sic hic Decembrem sequebatur. Hostia autem maxima parentare pietatis esse adiunctum putabat.

[53] A questo cosa si aggiunse del diritto civile? Una clausola stesa con cautela che provvede a dedurne cento sesterzi; ed ecco trovato l'espediente per liberare il patrimonio dal molesto peso del culto. Che se colui il quale redigeva il testamento non avesse voluto ricorrervi, questo giureconsulto Muzio, pontefice egli stesso, consiglia di prendere meno di quanto venga lasciato globalmente agli eredi. I precedenti giuristi affermavano che, qualunque cosa avesse preso, l'erede era tenuto al culto; ed ora invece se ne liberano nuovamente. Ma questo non ha nessuna attinenza col diritto pontificio, ma è derivato dal bel mezzo del diritto civile, cioè che si riscatti in contanti l'erede testamentari, e che a tale condizione il patrimonio rimanga tale come se non fosse stato trasmesso per testamento, a condizione che colui, che ricevette un lascito, abbia fatto oggetto di contratto proprio ciò che gli veniva per eredità, in modo che questa parte di patrimonio gli sia dovuta in forza di contratto e non resti più [gravata dal culto]...

[54] [Decimo Bruto[141] era un] uomo certamente di grande dottrina, che fu intimo di Accio, ma questi considerava, credo, come l'ultimo mese dell'anno il mese di dicembre, gli antichi invece febbraio. Riteneva poi che fosse dovere di pietà aggiungere alle cerimonie funebri una grandissima offerta sacrificale.

---

[141] Grande amico di Lucio Accio, nominato poco dopo, il celebre poeta del periodo preclassico (170 a.C.-87 a.C.); era figlio di un liberto e rivale di Pacuvio.

XXII [55] Iam tanta religio est sepulcrorum, ut extra sacra et gentem inferri fas negent esse, idque apud maiores nostros A. Torquatus in gente Popillia iudicavit. Nec vero tam denicales, quae a nece appellatae sunt quia residentur mortuis, quam ceterorum caelestium quieti dies feriae nominarentur, nisi maiores eos qui ex hac vita migrassent in deorum numero esse voluissent. Eas in eos dies conferre ius, ut nec ipsius neque publicae feriae sint. Totaque huius iuris conpositio pontificalis magnam religionem caerimoniamque declarat, neque necesse est edisseri a nobis, quae finis funestae familiae, quod genus sacrificii Lari vervecibus fiat, quem ad modum os resectum terra obtegatur, quaeque in porca contracta iura sint, quo tempore incipiat sepulcrum esse et religione teneatur.

[56] At mihi quidem antiquissimum sepulturae genus illud fuisse videtur quo apud Xenophontem Cyrus utitur: redditur enim terrae corpus, et ita locatum ac situm quasi operimento matris obducitur. Eodemque ritu in eo sepulcro quod <haud> procul a Fontis ara est, regem nostrum Numam conditum accepimus, gentemque Corneliam usque ad memoriam nostram hac sepultura scimus esse usam. C. Mari sitas reliquias apud Anienem dissipari iussit Sylla victor, acerbiore odio incitatus, quam si tam sapiens fuisset quam fuit vehemens.

XXII. [55] Il rispetto per le sepolture è tanto grande, che si afferma non essere lecito seppellire nello stesso luogo defunti estranei agli stessi riti ed alla famiglia, e ciò stabili al tempo dei nostri antenati Aulo Torquato in una causa contro la gente Popilia[142]. Né infatti si chiamerebbero ferie tanto i giorni delle commemorazioni funebri, detti denicali da «nece», perché ne deriva riposo ai trapassati, quanto i giorni di riposo festivo dedicati agli altri dèi celesti, se i nostri antenati non avessero voluto che si annoverassero tra gli dèi coloro che erano usciti di questa vita. Si è stabilito di riunire queste ferie in quei giorni in cui non ne cadano altre, né dello stessa famiglia né pubbliche; e tutta intera la costituzione di questo diritto pontificale rivela una scrupolosa osservanza della religione e del culto. E non è necessario che siamo noi a spiegare, quali siano i termini del lutto di famiglia, che genere di sacrificio si debba fare ai Lari con dei montoni, come si debba ricoprire di terra l'osso reciso, quali siano le norme stabilite per il sacrificio della scrofa, in quale momento il sepolcro incominci ad essere tale e ad essere oggetto di venerazione religiosa.

[56] Ma a me personalmente sembra che la più antica specie di sepoltura sia stata quella di cui si serve Ciro in Senofonte[143]; infatti il corpo viene restituito alla terra e così collocato e deposto da essere quasi ricoperto tutt'intorno da sua madre. Ci è stato tramandato che nella stessa maniera fu seppellito il nostro re Numa in quel sepolcro che non è lontano dall'altare del dio Fonte[144], e sappiamo che la famiglia Cornelia si servì di tal genere di sepoltura fino ad epoca di cui abbiamo ancora il ricordo. Silla, da vincitore, diede ordine che fossero dispersi i resti di Mario sepolti presso l'Aniene, msso da un odio più crudele del normale, se fosse stato tanto saggio quanto fu violento.

---

[142] La *gens* Popilia, di origine plebea, ebbe come capostipite Marco Popilio Lenate, che – console nel 359 a.C. – sedò una sollevazione della plebe contro il Senato, combatté contro i Tiburii e, console per la terza volta nel 350 a.C., sconfisse i Galli ad Alba.

[143] SENOFONTE, *Ciropedia*, VIII, 7, 25.

[144] Il dio delle sorgenti *Fons* era figlio di Giano e della ninfa Diuturna; aveva un tempietto sul Gianicolo, e la sua festa (*Fontinalia*) si celebrava il 13 ottobre.

[57] Quod haud scio an timens <ne> suo corpori posset accidere, primus e patriciis Corneliis igni voluit cremari. Dedarat enim Ennius de Africano: «Hic est ille situs», vere, nam siti dicuntur ii qui conditi sunt. Nec tamen eorum ante sepulcrum est quam iusta facta et porcus caesus est. Et quod nunc communiter in omnibus sepultis venit usu <ut> humati dicantur, id erat proprium tum in iis quos humus iniecta contexerat, eumque morem ius pontificale confirmat. Nam prius quam in os iniecta gleba est, locus ille ubi crematum est corpus nihil habet religionis; iniecta gleba tum et ille humatus est et sepulcrum vocatur, ac tum denique multa religiosa iura conplectitur. Itaque in eo qui in nave necatus, deinde in mare proiectus esset, decrevit P. Mucius familiam puram, quod os supra terram non extaret; porcam heredi esse contrac<tam>, et habendas triduum ferias et porco femina piaculum faci<undum>. Si in mari mortuus esset, eadem praeter piaculum et ferias.

[57] E non so bene se temendo che lo stesso potesse accadere al suo corpo, che per primo fra i patrizi della famiglia Cornelia egli volle essere cremato. Dice infatti Ennio[145] dell'Africano: «Qui egli è sepolto», ed è esatto, poiché si dicono sepolti quelli che sono stati inumati. Eppure non è ancora un sepolcro, se prima non sono celebrate le esequie e sacrificato un maiale. E quello che ora comunemente si dice per tutti i sepolti, che sono detti inumati, questo allora si riferiva in modo specifico a quelli che erano stati ricoperti con la terra gettatavi sopra, ed il diritto pontificale conferma questa usanza. Prima infatti che venga buttata la terra sull'osso, il luogo ove il corpo è stato cremato non ha alcun significato religioso; ma buttatavi sopra la terra, allora dalla terra prende il nome di tumulo il luogo dove è inumato, e soltanto allora diventa soggetto di molti diritti religiosi. Così Publio Muzio stabilì che la famiglia di colui che sia stato ucciso su di una nave ed il cui corpo sia stato gettato in mare, sia da considerarsi pura, perché non ne restano insepolte le ossa; che l'erede debba soltanto sacrificare una scrofa, che si celebrino le ferie per tre giorni e che si faccia un sacrificio espiatorio con una scrofa; ma se il defunto fosse morto in acqua, non si procede all'espiazione né alle ferie.

---

[145] Quinto Ennio (239 a.C.-169 a.C.), nativo di Rudiae, fu, con i suoi *Annales*, il più grande poeta latino dell'età preclassica, creatore dell'epica a tema romano e storico.

XXIII [58] ATTICUS: Video quae sint in pontificio iure, sed quaero ecquidnam sit in legibus.

MARCUS: Pauca sane Tite, et ut arbitror non ignota vobis. Sed ea non tam ad religionem spectant quam ad ius sepulcrorum. «Hominem mortuum» inquit lex in XII «in urbe ne sepelito neve urito». Credo vel propter ignis periculum. Quod autem addit «neve urito», indicat non qui uratur sepelin, sed qui humetur.

ATTICUS: Quid quod post XII in urbe sepulti sunt clari viri?

MARCUS: Credo Tite fuisse aut eos quibus hoc ante hanc legem virtutis causa tributum est, ut Poplicolae, ut Tuberto, quod eorum posteri iure tenuerunt, aut eos si qui hoc ut C. Fabricius virtutis causa soluti legibus consecuti sunt. Sed <ut> in urbe sepeliri lex vetat, sic decretum a pontificum collegio, non esse ius in loco publico fieri sepulcrum. Nostis extra portam Collinam aedem Honoris. Aram in eo loco fuisse memoriae proditum est. Ad eam cum lamina esset inventa, et in ea scriptum <lamina> «Honoris», ea causa fuit <ut> aedis haec dedicare<tur>. Sed quom multa in eo loco sepulcra fuissent, exarata sunt. Statuit enim collegium locum publicum non potuisse privata religione obligari.

XXIII. [58] ATTICO: - Mi rendo conto di ciò che è compreso nel diritto pontificale, ma ti chiedo, che cosa venga stabilito nelle leggi.

MARCO: - Poche disposizioni, Tito, e, come credo, non ignote a voi; ma esse riguardano non tanto il culto, quanto i diritti inerenti i sepolcri. La legge dice nelle Dodici Tavole: «Non si seppellisca né si cremi in città il cadavere», penso a causa del pericolo di incendio. E poiché aggiunge «non si cremi», chiarisce che non è seppellito colui che viene cremato, ma colui che è inumato.

ATTICO: - Ma come è possibile, se dopo la promulgazione delle Dodici Tavole si seppellirono in città degli uomini illustri?

MARCO: - Credo, Tito, che si sia trattato di quelli cui tal privilegio fu conferito prima di questa legge in riconoscimento del loro valore, come a Publicola[146] ed a Tuberto[147], privilegio che i loro discendenti conservarono per diritto, o di quelli che lo conseguirono come Gaio Fabrizio[148], essendo stati esentati dall'osservanza della legge per via dei loro meriti. Ma come la legge fa divieto di seppellire in città, così il collegio dei pontefici stabilì che non fosse lecito che si costruissero sepolcri in luogo pubblico. Tu conosci il tempio dell'Onore fuori porta Collina; si tramanda che in quel luogo ci fosse un altare; e che, essendosi trovata presso di essa una lamina con su scritto «lamina dell'Onore», tale fu il motivo della dedica di questo tempio. Ma poiché in quel luogo si trovavano molti sepolcri, vi fu passato sopra l'aratro; difatti il collegio stabilì che un luogo pubblico non poteva essere usato per dei riti di culto privato.

---

[146] Publio Valerio Publicola, su proposta del Senato per voto del popolo, fu cremato e sepolto a spese dello Stato vicino al Foro, sotto la Velia.

[147] Publio Postumio Tuberto, console nel 505 a.C., combatté valorosamente contro i Sabini (TITO LIVIO, *Storia di Roma dalla sua fondazione*, IV, 2, 10), sconfiggendoli infine nel 503 a.C.

[148] Gaio Fabrizio Luscino fu console nel 471 a.C.

[59] Iam cetera in XII minuendi sumptus sunt lamentationisque funebris, translata de Solonis fere legibus. 'Hoc plus' inquit 'ne facito. Rogum ascea ne polito.' Nostis quae sequuntur. Discebamus enim pueri XII ut carmen necessarium, quas iam nemo discit. Extenuato igitur sumptu tribus reciniis et tunicula purpurea et decem tibicinibus, tollit etiam <nimiam> lamentationem: 'Mulieres genas ne radunto neve lessum funeris ergo habento.' Hoc veteres interpretes Sex. Aelius L. Acilius non satis se intellegere dixerunt, sed suspicari vestimenti aliquod genus funebris, L. Aelius lessum quasi lugubrem eiulationem, ut vox ipsa significat. Quod eo magis iudico verum esse quia lex Solonis id ipsum vetat. Haec laudabilia et locupletibus fere cum plebe communia. Quod quidem maxime e natura est, tolli fortunae discrimen in morte.

[59] Le altre norme delle dodici tavole poi, relative alla diminuzione delle spese ed al compianto funebre, furono quasi tradotte dalla legislazione di Solone. È stato detto: «Non si faccia più questo: non si levighi con l'ascia la legna del rogo». Tu sai quel che segue, che da fanciulli imparavamo a memoria le Dodici Tavole come un carme obbligatorio; ma ormai quasi più nessuno le studia. Limitata dunque la spesa a tre pezze di stoffa, ad una tunichetta di porpora ed a dieci flautisti, elimina anche il lamento funebre: «Le donne non si graffino le guance e di conseguenza non intonino la nenia in occasione del funerale». Gli antichi interpreti Sesto Elio[149] e Lucio Acilio dissero di non riuscire a comprenderlo, ma s'immaginava un qualche genere di abito da lutto, e Lucio Elio[150] affermava che quelle nenie sono quasi un lugubre pianto, secondo il significato del termine stesso; e tanto più credo essere vera questa interpretazione, in quanto la legge di Solone contiene esattamente tale divieto. Queste lodevoli disposizioni sono per lo più comuni ai ricchi ed al popolo; ed è assolutamente un fatto naturale che davanti alla morte venga meno ogni distinzione di fortuna.

---

[149] Sesto Elio Peto Cato fu console assieme a Tito Quinzio Flaminino nel 198 a.C. e censore con Caio Cetego nel 194. scrisse dei *Commentarii de iure civili* e fu apprezzato da Ennio per la sua vasta conoscenza in campo giuridico.

[150] Lucio Elio Stilone Preconiano, di Lanuvio, fu il primo filologo romano; studio e scrisse degli antichi monumenti della lingua latina, delle XII Tavole e dei carmi dei Salii.

XXIV [60] Cetera item funebria quibus luctus augetur XII sustulerulit. 'Homini' inquit 'mortuo ne ossa legito quoi pos funus faciat.' Excipit bellicam peregrinamque mortem. Haec praeterea sunt in legibus: <De uncturaque> 'servilis unctura tollitor omnisque circumpotatio.' Quae et recte tolluntur, neque tollerentur nisi <in usu> fuissent. 'Ne sumptuosa respersio, ne longae coronae nec acerrae praeferantur.' Illa iam significatio est laudis ornamenta ad mortuos pertinere, quod coronam virtute partam et ei qui peperisset et eius parenti sine fraude esse lex impositam iubet. Credoque quod erat factitatum ut uni plura funera fierent lectique plures sternerentur, id quoque ne fieret lege sanctum est. Qua in lege quom esset 'neve aurum addito', <videtote> quam humane excipiat altera lex <praecipit altera lege>: 'At cui auro dentes iuncti escunt, ast im cum ub sepeliet uretve, se fraude esto.' Et simul illud videtote, aliud habitum esse sepelire et urere.

[61] Duae sunt praeterea leges de sepulcris, quarum altera privatorum aedificiis, altera ipsis sepulcris cavet. Nam quod 'rogum bustumve novum' vetat 'propius sexaginta pedes adigi aedes alienas invito domino', incendium videtur arcere <vetat>. Quod autem 'forum', id est vestibulum sepulcri, 'bustumve usu capi' vetat, tuetur ius sepulcrorum. Haec habemus in XII, sane secundum naturam, quae norma legis est. Reliqua sunt in more: funus ut indicatur si quid ludorum, dominusque funeris utatur accenso atque lictoribus,

XXIV. [60]. Le Dodici Tavole, in base al medesimo criterio, soppressero le altre usanze funebri intese ad aumentarre il lutto. «Non si raccolgano le ossa del cadavere», esse dicono, «per fargli in seguito un altro funerale». Si fa eccezione per la morte avvenuta in guerra e lontano dal proprio paese. Inoltre vi sono nelle leggi queste disposizioni: «viene abolita l'unzione del cadavere ad opera di servi, ed ogni simposio funebre». Manifestazioni che giustamente vengono soppresse e che non lo sarebbero se non fossero state in uso. Ed i divieti quali «Non si facciano libagioni troppo costosa, non si portino innanzi al defunto grandi corone né incensieri». Che tali ornamenti spettino ai defunti è già una indice di lode, poiché la legge stabilisce che «la corona acquisita col valore» possa essere legittimamente imposta ed a colui che se l'è guadagnata ed a suo padre. Credo che anche sia stato imposto il divieto di celebrare per una sola persona più di un funerale e di apprestare più di un letto funebre, e ciò venne sancito dalla legge. Ed essendovi in questa legge il divieto di «non aggiungere oro», osservate quanto umanamente il secondo comma della legge stabilisca una eccezione: «ma colui che avrà i denti legati in oro, e se quest'oro verrà seppellito o cremato con lui, ciò sia legittimo». E nello stesso tempo osservate questo, che fu considerato diverso il seppellire ed il cremare.

[61] Inoltre esistono due leggi sui sepolcri, delle quali una riguarda gli edifici dei privati, l'altra i sepolcri stessi. Infatti il testo «è vietato che si eriga un rogo od una tomba a meno di sessanta piedi dalle abitazioni altrui senza il consenso del proprietario» sembra imporre il divieto per timore di un incendio. In quanto poi all'espressione «è vietato prendere possesso di fatto del foro», cioè del vestibolo della tomba, «o del luogo dove fu arso il cadavere», si tutela il diritto dei sepolcreti. Queste disposizioni esistono nelle Dodici Tavole, assolutamente secondo natura, la quale è norma di legge; il resto è contemplato dalla consuetudine: venga celebrato il funerale come è annunziato, se sia accompagnato da giochi, e che il direttore del corteo si serva di un sostituto e dei littori,

[62] honoratorum virorum laudes in contione memorentur, easque etiam <et> cantus ad tibicinem prosequatur, cui nomen neniae, quo vocabulo etiam <apud> Graecos cantus lugubres nominantur.

XXV ATTICUS: Gaudeo nostra iura ad naturam accommodari, maiorumque sapientia admodum delector. Sed requiro ut ceteri sumptus sic etiam sepulcrorum modum.

MARCUS: Recte requiris. Quos enim ad sumptus progressa iam ista res sit, in C. Figuli sepulcro vidisse [te] credo. Minimam olim istius rei fuisse cupiditatem multa extant exempla maiorum. Nostrae quidem legis interpretes, quo capite iubentur sumptum et luctum removere a deorum Manium iure, hoc intellegant in primis, sepulcrorum magnificentiam esse minuendam.

[63] Nec haec a sapientissimis legum scriptoribus neglecta sunt. Nam et Atheniensium in more a Cecrope ut aiunt permansit hoc ius terra humandi, quod quom proxumi fecerant obductaque terra erat, frugibus obserebatur, ut sinus et gremium quasi matris mortuo tribueretur, solum autem frugibus expiatum ut vivis redderetur. Sequebantur epulae quas inibant propinqui coronati, apud quos de mortui laude quom siquid veri erat praedicatum — nam mentiri nefas habebatur —, iusta confecta erant.

[62] si ricordino in un discorso commemorativo i meriti dei defunti insigni, e che questi siano seguiti da un canto accompagnato dai flautisti, detto nenia, nome col quale anche [presso] i Greci vengono denominate le cantilene da lutto.

XXV. ATTICO: - Gioisco sul fatto che le nostre leggi si accordino con la Natura, e sono decisamente soddisfatto della saggezza dei nostri avi. Tuttavia mi aspetterei, come per le altre spese, così anche una limitazione per quella dei sepolcri.

MARCO: - Giusta esigenza, la tua; a quale sperpero di denaro infatti si sia ormai giunti, credo che te ne sarai fatta un'idea dal sepolcro di Gaio Figulo[151]. Molti esempi dei nostri antenati testimoniano che un tempo non ci fu alcuna ambizione di questa portata. Infatti gli interpreti della nostra legge, in quel paragrafo dove si dispone di allontanare dal diritto degli dèi Mani le spese ed il lutto, questo dovrebbero capire soprattutto, che si dovrebbe limitare il lusso delle tombe.

[63] Ciò non fu dimenticato dai più saggi legislatori. Infatti anche nella consuetudine degli Ateniesi, fin dai tempi di quel primo suo re Cecrope[152], rimase questa norma di seppellire nella terra; ed una volta che i parenti avevano adempiuto questa disposizione e la terra era stata gettata sul cadavere, veniva seminata a grano, quasi per dare al morto il seno ed il grembo della madre, e perché il suolo purificato dalle messi venisse restituito ai vivi. Seguiva un banchetto, cui i parenti intervenivano col capo incoronato, e presso di essi si esaltavano, se ve n'erano - infatti era ritenuto empio il mentire -, i meriti del morto, [e] le cerimonie erano finite.

---

[151] Fu console nel 64 a.C. con Lucio Giulio Cesare e sostenne Cicerone nel punire Catilina ed i suoi accoliti (CICERONE, *Filippiche*, II, 5, 12)
[152] Secondo la leggenda, Cecrope venne sepolto sull'Acropoli di Atene.

[64] Postea quom, ut scribit Phalereus <Demetrius>, sumptuosa fieri funera et lamentabilia coepissent, Solonis lege sublata sunt, quam legem eisdem prope verbis nostri Xviri in decimam tabulam coniecerunt. Nam de tribus reciniis et pleraque illa Solonis sunt. De lamentis vero expressa verbis sunt: 'mulieres genas ne radunto neve lessum funeris ergo habento.'

XXVI De sepulcris autem nihil est apud Solonem amplius quam 'ne quis ea deleat neve alienum inferat', poenaque est, 'si quis bustum' — nam id puto appellari t . . . mbon— 'aut monimentum' inquit 'aut columnam violarit deiecerit fregerit'. Sed post aliquanto propter has amplitudines sepulcrorum, quas in Ceramico videmus, lege sanctum est, 'ne quis sepulcrum faceret operosius quam quod decem homines effecerint triduo';

[65] neque id opere tectorio exornari nec hermas hos quos vocant licebat inponi, nec de mortui laude nisi in publieis sepulturis, nec ab alio nisi qui publice ad eam rem constitutus esset dici licebat. Sublata etiam erat celebritas virorum ac mulierum, quo lamentatio minueretur; auget enim luctum concursus hominum.

[64] In seguito, come scrive Demetrio Falereo[153], quando i funerali incominciarono a diventare dispendiosi e pieni di lamentazioni, furono soppressi dalla legge di Solone; la quale dai nostri decemviri fu inserita nella decima tavola quasi con le stesse parole. Infatti quanto riguarda le tre pezze e la maggior parte di quelle disposizioni sono di Solone; circa le lamentazioni esse sono espresse con le sue stesse parole: " Le donne non si graffino le guance né intonino la nenia per il funerale".

XXVI. Sui sepolcri poi in Solone non si dice nulla di più che: «nessuno arrechi loro danno né vi seppellisca un estraneo», e vi è una punizione «se qualcuno avrà violato, danneggiato, rotto un tumulo - infatti credo che questo sia il significato di τύμβον». Ma qualche tempo dopo, a causa di quella ampiezza delle tombe, che vediamo nel Ceramico[154], si stabilì per legge «che nessuno costruisca un sepolcro che comporti di più di tre giornate lavorative per dieci uomini»;

[65] e non era consentito abbellirlo con degli affreschi, né porvi sopra quelle che chiamano erme[155], né pronunciare l'elogio del defunto se non nel corso dei pubblici funerali, né ad opera di chi non fosse designato a tale ufficio tramite incarico pubblico. Era stato soppresso anche l'affollamento di uomini e di donne, per diminuire le lamentazioni; l'intervento di molta gente, si sa, [aumenta] il lutto.

---

[153] Demetrio di Falera, discepolo di Teofrasto, a cui re Cassandro di Macedonia affidò il governo di Atene; fu oratore, filosofo e statista; scrisse vari trattati sull'oratoria, di cui uno solo si è conservato.
[154] Quartiere ateniese dedicato alle sepolture.
[155] Delle piccole colonne o piastrini, sormontate da teste o da busti delle divinità.

[66] Quocirca Pittacus omnino accedere quemquam vetat in funus aliorum. Sed ait rursus idem Demetrius increbruisse eam funerum sepulcrorumque magnificentiam quae nunc fere Romae est. Quam consuetudinem lege minuit ipse. Fuit enim hic vir ut scitis non solum eruditissimus, sed etiam civis in re publica maximus tuendaeque civitatis peritissimus. Is igitur sumptum minuit non solum poena sed etiam tempore: ante lucem enim iussit efferri. Sepulcris autem novis finivit modum; nam super terrae tumulum noluit quid<quam> statui nisi columellam tribus cubitis ne altiorem aut mensam aut labellum, et huic procurationi certum magistratum praefecerat.

XXVII [67] Haec igitur Athenienses tui. Sed videamus Platonem, qui iusta funerum reicit ad interpretes religionum; quem nos morem tenemus. De sepulcris autem dicit haec: vetat ex agro culto, eove qui coli possit, ullam partem sumi sepulcro; sed quae natura agri tantum modo efficere possit, ut mortuorum corpora sine detrimento vivorum recipiat, ea potissimum ut conpleatur; quae autem terra fruges ferre et ut mater cibos suppeditare possit, eam ne quis nobis minuat neve vivos neve mortuos.

[68] Extrui autem vetat sepulcrum altius, quam quod <quinque homines> quinque diebus absolverint, nec e lapide excitari plus nec inponi, quam quod capiat laudem mortui incisam ne plus quattuor herois versibus, quos longos appellat Ennius. Habemus igitur huius quoque auctoritatem de sepulcris summi viri, a quo item funerum sumptus praefinitur ex censibus a minis quinque usque ad minam. Deinceps dicit eadem illa de inmortalitate animorum et reliqua post mortem tranquillitate bonorum, poenis impiorum.

[66] Per tale motivo Pittaco[156] fa assoluto divieto a chiunque di partecipare ai funerali di estranei. Ma ancora il già citato Demetrio attesta che la magnificenza dei funerali e delle tombe aumentò, quasi come quella che ora si ha in Roma; consuetudine che egli stesso limitò per legge. Egli fu un uomo, come sapete, non soltanto coltissimo, ma anche insigne politico ed espertissimo nel governo dello Stato. Egli dunque limitò le spese non solo fissando un'ammenda, ma anche il tempo; sancì infatti che il trasporto funebre dovesse avvenire prima di giorno. Pose norme restrittive anche per i sepolcri di nuova costruzione: vietò infatti che si collocasse sopra il tumulo di terra null'altro che una colonnetta non più alta di tre cubiti, o una lapide orizzontale oppure una piccola conca, ed a tale incarico aveva preposto un apposito magistrato.

XXVII. [67] Queste le misure adottate dai tuoi Ateniesi. Ma vediamo Platone, che assegna le cerimonie funebri alla competenza dei ministri del culto, usanza che osserviamo anche noi. E, riguardo ai sepolcri, egli dice questo: «è vietato riservare alla sepoltura una parte di terreno coltivato o coltivabile; ma soltanto quella parte, che per la natura del suolo possa accogliere i corpi dei morti senza detrimento per i vivi, questa sola venga pure riempita; mentre quella terra che può produrre raccolti e, come una madre, offrirci nutrimento, non deve esserci sottratta da nessuno, né vivo né morto».

[68] Si fa poi divieto che si costruisca un sepolcro più alto di quanto non possa essere condotto a termine in cinque giornate [da cinque uomini], né che vi sia messa sopra una lapide più grande di quanto necessario a contenere l'elogio del morto in non più di quattro esametri dattilici, quelli che Ennio chiama «lunghi». Abbiamo dunque anche l'autorità di un sommo uomo intorno ai sepolcri, da cui viene posto ancora un limite alle spese dei funerali a seconda del censo, da una a cinque mine. Di seguito dice quel che già sappiamo sull'immortalità dell'anima e di quanto ci attende dopo morte, sulla pace dei buoni e sulla punizione degli empi.

---

[156] Filosofo, uomo politico e legislatore greco, considerato uno dei Sette Sapienti, nativo di Mitilene ma di origini trace (640 a.C. ca. – 570 a.C. ca.). Emanò una legge che aumentava le pene per i reati commessi in stato di ubriachezza e compose un'opera, *In difesa delle leggi*, di circa seicento versi elegiaci.

[69] Habetis igitur explicatum omnem ut arbitror religionum locum.

QUINTUS: Nos vero frater, et copiose quidem; sed perge cetera.

MARCUS: Pergam equidem, et quoniam libitum est vobis me ad haec inpellere, hodierno sermone conficiam, spero, hoc praesertim die; video enim Platonem idem fecisse, omnemque orationem eius de legibus peroratam esse uno aestivo die. Sic igitur faciam, et dicam de magistratibus. Id enim est profecto quod constituta religione rem publieam contineat maxime.

ATTICUS : Tu vero dic et istam rationem quam coepisti tene.

[69] Eccovi, dunque, esposto del tutto, come credo, l'argomento del culto.

QUINTO: - Certo, fratello, ed anche con ricchezza di dettagli; ma continua con tutti gli altri.

MARCO: - Continuerò senz'altro, e dal momento che vi ha fatto piacere incoraggiarmi, concluderò col presente discorso, spero, soprattutto in una giornata come questa; vedo infatti che anche Platone ha fatto la stessa cosa, e in una sola giornata estiva fu portato a termine tutto il suo discorso *Sulle Leggi*. Farò pertanto così e parlerò dei magistrati; questo infatti è indubbiamente il punto che, una volta sistemata la questione del culto, è il più essenziale per mantenere in piedi lo Stato.

ATTICO: - Parla pure, e prosegui con il metodo col quale hai cominciato.

Libro Terzo

I [1] MARCUS: Sequar igitur ut institui divinum illum virum quem <nimia> quadam admiratione commotus saepius fortasse laudo quam necesse est.

ATTICUS: Platonem videlicet dicis.

MARCUS: Istum ipsum Attice.

ATTICUS: Tu vero eum nec nimis valde umquam nec nimis saepe laudaveris. Nam hoc mihi etiam nostri illi, qui neminem nisi suum laudari volunt, concedunt, ut eum arbitratu meo diligam.

MARCUS: Bene hercle faciunt. Quid enim est elegantia tua dignius? Cuius et vita et oratio consecuta mihi videtur difficillimam illam societatem gravitatis cum humanitate.

ATTICUS: Sane gaudeo quod te interpellavi, quoniam quidem tam praeclarum mihi dedisti iudicii tui testimonium. Sed perge ut coeperas.

MARCUS: Laudemus igitur prius legem ipsam veris et propriis generis sui laudibus?

ATTICUS: Sane quidem, sicut de religionum lege fecisti.

[2] MARCUS: Videtis igitur magistratus hanc esse vim ut praesit praescribatque recta et utilia et coniuncta cum legibus. Ut enim magistratibus leges, ita populo praesunt magistratus, vereque dici potest, magistratum esse legem loquentem, legem autem mutum magistratum.

[3] Nihil porro tam aptum est ad ius condicionemque naturae — quod quom dico, legem a me dici intellegi volo — quam imperium, sine quo nec domus ulla nec civitas nec gens nec hominum universum genus stare, nec rerum natura omnis nec ipse mundus potest. Nam et hic deo paret, et huic oboediunt maria terraeque, et hominum vita iussis supremae legis obtemperat.

I. [1] MARCO: - Seguirò dunque, così come ho iniziato, quell'autore quasi divino che io, mosso dall'ammirazione, cito forse più spesso di quanto sarebbe necessario.

ATTICO: - Intendi Platone.

MARCO: - È per l'appunto a lui che mi riferisco, Attico.

ATTICO: - Eppure non viene citato mai abbastanza e né abbastanza spesso; infatti anche quei miei amici studiosi[157], che non permettono mai di citare qualcuno che non sia il loro maestro, mi consentono di amare il mio maestro come voglio.

MARCO: - E fanno bene, per Ercole. Che c'è infatti di più degno della tua finezza? Il tuo stile di vita e di linguaggio mi sembra che sia riuscito a raggiungere quel difficilissimo equilibrio tra gravità ed umanità.

ATTICO: - Sono lieto di averti interrotto, visto che mi hai dato una così preziosa testimonianza del tuo senso critico. Ma prosegui ciò che avevi iniziato.

[2] MARCO: - Facciamo allora precedere l'elogio della legge stessa citando i pregi ad essa connessi?

ATTICO: - Molto bene, come hai già fatto per la legge sul culto.

MARCO: - Voi vi rendete dunque conto che questa è l'essenza del magistrato, di sovraintendere e dare prescrizioni giuste ed utili, nonché in armonia con le leggi. Come infatti le leggi stanno al di sopra dei magistrati, così i magistrati stanno al di sopra del popolo, e si può dire veramente che il magistrato è una legge parlante, la legge invece è un magistrato muto.

[3] Niente inoltre è tanto conforme al diritto ed alla disposizione della Natura – e nel dire ciò, intendo riferirmi alla legge – quanto il potere; senza di esso infatti né la famiglia, né lo Stato, né la nazione, né il genere umano, né tutta la natura, né il mondo stesso potrebbero sussistere; questo infatti obbedisce al dio, ed a questo obbediscono i mari e le terre, e la vita umana ottempera alle norme di una Costituzione suprema.

---

[157] Cioè gli Epicurei.

II [4] Atque ut ad haec citeriora veniam et notiora nobis: omnes antiquae gentes regibus quondam paruerunt. Quod genus imperii primum ad homines iustissimos et sapientissimos deferebatur — idque et in re publica nostra maxime valuit, quoad ei regalis potestas praefuit —, deinde etiam deinceps posteris prodebatur, quo <et> in iis qui etiam nunc regnant<ur> manet. Quibus autem regia potestas non placuit, non ii nemini, sed non semper uni parere voluerunt. Nos autem quoniam leges damus liberis populis, quaeque de optima re publica sentiremus, in sex libris ante diximus, accommodabimus hoc tempore leges ad illum quem probamus civitatis statum.

[5] Magistratibus igitur opus est, sine quorum prudentia ac diligentia esse civitas non potest, quorumque discriptione omnis rei publicae moderatio continetur. Neque solum iis praescribendus est imperandi, sed etiam civibus obtemperandi modus. Nam et qui bene imperat, paruerit aliquando necesse est, et qui modeste paret, videtur qui aliquando imperet dignus esse. Itaque oportet et eum qui paret sperare, se aliquo tempore imperaturum, et illum qui imperat cogitare, brevi tempore sibi esse parendum. Nec vero solum ut obtemperent oboediantque magistratibus, sed etiam ut eos colant diligantque praescribimus, ut Charondas in suis facit legibus, noster vero Plato Titanum e genere <esse> statuit eos qui ut illi caelestibus, sic hi adversentur magistratibus. Quae cum ita sint ad ipsas iam leges veniamus si placet.

ATTICUS: Mihi vero et istud et ordo iste rerum placet.

II. [4] E per venire a questi argomenti più vicini e più noti a noi, tutti i popoli antichi un tempo obbedirono a dei re. Questo genere di potere era originariamente conferito agli uomini più giusti e più saggi - e tale regola ebbe larghissima applicazione soprattutto nel nostro Stato, finché esso fu governato dalla potestà regia -, e dopo si trasferiva di volta in volta ai discendenti, principio che ancora oggi resta valido per coloro che regnano. Quelli poi, cui non andò più a genio la potestà regia, non dico che non vollero obbedire più a nessuno, ma piuttosto non sempre obbedirono ad un solo individuo. Infine, poiché noi diamo leggi a dei popoli liberi, e già ho espresso il mio pensiero intorno alla forma migliore di ordinamento dello Stato in sei libri, ora adatterò le nostre leggi a quel tipo di Stato che suscitò il mio interesse[158].

[5] C'è dunque necessità di magistrati, perché senza la loro saggezza e diligenza non potrebbe sussistere uno Stato, e sulla loro distribuzione si fonda tutta la gestione dello Stato. E occorrerà stabilire non soltanto per essi un limite al loro potere, ma anche per i cittadini un limite all'obbedienza. Infatti chi ben comanda, dovrà un giorno o l'altro obbedire, e chi obbedisce con giudizio, può sembrare degno di assumere un giorno il potere. È dunque necessario che chi obbedisce abbia la speranza di poter un giorno comandare, e colui che comanda rifletta che tra breve dovrà obbedire. Ma non solo prescriviamo che i cittadini siano sottomessi e obbediscano ai magistrati, ma anche che li onorino e li amino, come fece Caronda nella sua costituzione; d'altra parte il nostro Platone affermò che appartengono alla stirpe dei Titani coloro i quali resistano ai magistrati, così come già quelli resistettero agli dèi celesti. Stando così le cose, veniamo ora, se volete, alle leggi vere e proprie.

ATTICO: - Sono perfettamente d'accordo su questo criterio e sulla successione degli argomenti.

---

[158] In buona sostanza, Cicerone riassume il triplice intento di questo dialogo: spiegare che con la filosofia si educano le menti dei popoli a rispettare la giustizia, con la religione e la spiritualità si impronta la loro stessa Costituzione e con la legge sui magistrati si forniscono gli strumenti per preservare e difendere la libertà.

III [6] MARCUS: «Justa imperia sunto, isque cives modeste ac sine recusatione parento. Magistratus nec oboedientem et <in>noxium civem multa vinculis verberibusve coherceto, ni par maiorve potestas populusve prohibessit, ad quos provocatio esto. Cum magistratus iudicassit inrogassitve, per populum multae poenae certatio esto. Militiae ab eo qui imperabit provocatio nec esto, quodque is qui bellum geret imperassit, ius ratumque esto».

«Minoris magistratus partiti iuris ploeres in ploera sunto. Militiae quibus iussi erunt imperanto eorumque tribuni sunto. Domi pecuniam publicam custodiunto, vincula sontium servanto, capitalia vindicanto, aes argentum aurumve publice signanto, litis contractas iudicanto, <quod> quodcumque senatus creverit agunto».

[7] 'Suntoque aediles curatores urbis annonae ludorumque sollemnium, ollisque ad honoris amplioris gradum is primus ascensus esto.'

'Censoris populi aevitates suboles familias pecuniasque censento, urbis templa vias aquas aerarium vectigalia tuento, populique partis in tribus discribunto, exin pecunias aevitatis ordinis partiunto, equitum peditumque prolem discribunto, caelibes esse prohibento, mores populi regunto, probrum in senatu ne relinquonto. Bini sunto, magistratum quinquennium habento eaque potestas semper esto, reliqui magistratus annui sunto.'

III. [6] MARCO: - «I supremi poteri siano legali, ed i cittadini vi obbediscano con sottomissione e senza opporvisi; il magistrato punisca il cittadino disobbediente e colpevole con una ammenda, con il carcere o con la fustigazione, a meno che non faccia opposizione un'autorità pari o maggiore o il popolo stesso, cui poter appellarsi. Quando il magistrato avrà giudicato o condannato, sia discussa dal popolo l'ammenda o la pena. I militari non abbiano diritto di appello contro il proprio comandante, e quello che avrà ordinato il responsabile delle operazioni di guerra, sia considerato legittimo ed messo in atto».

«I magistrati minori, con giurisdizioni distinte, siano diversi secondo gli uffici. Quelli che ne avranno il mandato, comandino l'esercito e siano presenti i loro tribuni. In pace siano depositari del tesoro pubblico, tengano in prigione i delinquenti, reprimano i delitti capitali, coniino pubblicamente monete di bronzo, argento ed oro, giudichino le liti insorte, eseguano qualsiasi decreto del Senato».

[7] «Che gli edili siano i curatori della città, dell'annona, dei giochi solenni, e tramite essi sia questo il primo gradino verso le magistrature maggiori».

«I censori censiscano l'età della popolazione, i figli a carico, gli schiavi ed il bestiame; tutelino gli edifici pubblici, i templi, le strade, le acque, l'erario, le entrate finanziarie; distribuiscano i cittadini nelle tribù, dividano le centurie in base al patrimonio ed all'età, prendano nota dei figli dei cavalieri e dei fanti, vietino il celibato, sorveglino la morale del popolo, non lascino una persona indegna in senato; siano in due, tengano la magistratura per un quinquennio; gli altri magistrati siano annuali, e quella loro potestà sia perpetua».

[8] 'Iuris disceptator, qui privata iudicet iudicarive iubeat, praetor esto. Is iuris civilis custos esto. Huic potestate pari quotcumque senatus creverit populusve iusserit, tot sunto.'

'Regio imperio duo sunto, iique <a> praeeundo iudicando consulendo praetores iudices consules appellamino. Militiae summum ius habento, nemini parento. Ollis salus populi suprema lex esto.'

[9] 'Eundem magistratum, ni interfuerint decem anni, ne quis capito. Aevitatem annali lege servanto.'

'Ast quando duellum gravius discordiaeve civium escunt, oenus ne amplius sex menses, si senatus creverit, idem iuris quod duo consules teneto, isque ave sinistra dictus populi magister esto. Equitatumque qui regat habeto pari iure cum eo quicumque erit iuris disceptator. Reliqui magistratus ne sunto.'

'Ast quando consules magisterve populi nec erunt, auspicia patrum sunto, ollique ec se produnto qui comitiatu creare consules rite possit.'

'Imperia potestates legationes, cum senatus creverit populusve jusserit, ex urbe exeunto, duella iusta iuste gerunto, sociis parcunto, se et suos continento, populi <sui> gloriam augento, domum cum laude redeunto.'

'Rei suae ergo ne quis legatus esto.'

'Plebes quos pro se contra vim auxilii ergo decem creassit, ei tribuni eius sunto, quodque ei prohibessint quodque plebem rogassint, ratum esto; sanctique sunto; neve plebem orbam tribunis relinquunto.'

[8] «Interprete della legge, che giudichi e dia mandato di giudicare le cause private, sia il pretore. Egli sia depositario del diritto civile; a questo magistrato siano pari in potere quanti ne avrà decretato il senato ed ordinato il popolo» .

«Che ci siano due [magistrati supremi] che esercitino il potere regio, e per procedere, giudicare, provvedere siano chiamati pretori, giudici, consoli; essi abbiano il supremo potere militare, a nessuno siano soggetti; sia loro suprema legge la salute del popolo».

[9] «Nessuno assuma la stessa carica se non sono passati dieci anni; si osservino i limiti di età stabiliti dalla legge degli Annali».

«Ma quando vi sarà una guerra piuttosto seria, oppure discordie civili, uno solo, se il Senato lo avrà decretato, abbia il potere dei due consoli[159], per non più di sei mesi e, nominato conforme ad auspicio favorevole, sia maestro del popolo. Chi comanda la cavalleria abbia autorità pari all'interprete del diritto, chiunque quello sia. Tutti gli altri magistrati non esistano».

«Ma nel momento in cui non vi saranno consoli né maestro del popolo, gli auspici spettino ai senatori, ed essi delegheranno fra loro quelli che possano convocare i comizi e nominare legalmente i consoli».

«Le autorità militari e civili, gli ambasciatori, per decreto del senato e dietro ordine del popolo, escano di città, conducano guerre legittime legalmente, risparmino gli alleati, frenino se stessi ed i loro amici, accrescano la gloria del loro popolo, tornino a casa con dei meriti».

«A nessuno sia conferita qualità di ambasciatore per interesse privato».

«Abbia la plebe come suoi tribuni i dieci nominati a sua difesa contro la violenza, e quello che essi vietino e quel che sarà ordinato dalla plebe, sia irrevocabile; essi siano sacri ed inviolabili, né la plebe sia mai lasciata priva dei tribuni».

---

159 Si tratta del *dictator* (dittatore).

[10] 'Omnes magistratus auspicium iudiciumque habento, exque is senatus esto. Eius decreta rata sunto. At potestas par maiorve prohibessit, perscripta servanto.'

'Is ordo vitio vacato, ceteris specimen esto.'

'Creatio magistratuum, iudicia populi, iussa vetita cum cosciscentur, suffragia optumatibus nota, plebi libera sunto.'

IV 'Ast quid erit quod extra magistratus coerari oesus sit, qui coeret populus creato eique ius coerandi dato.

'Cum populo patribusque agendi ius esto consuli praetori magistro populi equitumque, eique quem patres prodent consulum rogandorum ergo; tribunisque quos sibi plebes creassit ius esto cum patribus agendi; idem ad plebem quod oesus erit ferunto.'

'Quae cum populo quaeque in patribus agentur, modica sunto.'

[10] «Tutti i magistrati abbiano potere di trarre auspici e di giudicare[160], ed il senato sia costituito da questi; i suoi decreti siano irrevocabili; ma in caso di opposizione di un potere pari o maggiore, vengano conservati per iscritto».

«L'ordine senatorio sia esente da difetti, sia di esempio agli altri».

«L'elezione dei magistrati, le deliberazioni del popolo, i precetti e i divieti quando sono confermabili con voto, siano noti agli ottimati e liberi alla plebe».

IV. «Ma se vi sarà qualcosa che sia utile curare al di fuori dei magistrati, il popolo nomini chi se ne curi e gliene conferisca il diritto».

«Il console, il pretore, il maestro del popolo e dei cavalieri e colui che i senatori presenteranno per la nomina dei consoli, abbiano il diritto di trattare col popolo e col Senato; ed i tribuni che la plebe ha creato per sé, abbiano diritto di trattare col Senato; ed i medesimi riferiscano alla plebe ciò che sarà necessario».

«Le proposte fatte al popolo ed ai senatori siano moderate».

---

[160] Tutti i magistrati avevano il diritto di prendere l'*auspicium*, diritto che era pari fra quelli dello stesso grado, diverso fra quelli di grado differente.

[11] «Senatori qui nec aderit aut causa aut culpa esto. Loco senator et modo orato, causas populi teneto».

«Vis in populo abesto. Par maiorve potestas plus valeto. Ast quid turbassitur in agendo, fraus actoris esto. Intercessor rei malae salutaris civis esto».

«Qui agent auspicia servanto, auguri publico parento, promulgata proposita in aerario cognita agunto; nec plus quam de singulis rebus semel consulunto; rem populum docento, doceri a magistratibus privatisque patiunto».

«Privilegia ne inroganto. De capite civis nisi per maximum comitiatum ollosque quos censores in partibus populi locassint ne ferunto».

«Donum ne capiunto neve danto neve petenda neve gerenda neve gesta potestate. Quod quis earum rerum migrassit, noxiae poena par esto».

Cesoris fidem legum custodiunto. Privati ad eos acta referunto, nec eo magis lege liberi sunto.

Lex recitata est: discedere et tabellam iubebo dari.

[11] «Il senatore che non si presenti si giustifichi o sia colpevole; il senatore parli quando è il suo turno e con misura, sostenga la causa del popolo».

«Il popolo si astenga dalla violenza. L'autorità pari o maggiore valga di più. Ma se qualche fermento turberà la discussione, la responsabilità ricadrà sull'oratore. Chi si oppone ad una cattiva deliberazione sia considerato cittadino benemerito dello Stato».

«Coloro che convocheranno assemblee osservino gli auspici, obbediscano al pubblico augure, le proposte siano rese note pubblicandole nel Foro, procedano ad una sola deliberazione per volta sui singoli casi, informino il popolo dell'argomento, consentano che il popolo sia messo al corrente dai magistrati e dai privati».

«Non si promulghino leggi particolari per i privati; non si prendano decisioni riguardo alla vita di un cittadino, se non attraverso i massimi comizi e per mezzo di quelli che i censori registrarono nelle classi del popolo».

«Non si accettino né si offrano dei doni, né presentandosi come candidati, né quando ricoprono né dopo aver ricoperto cariche. Chi avrà violato qualcuna di queste norme, che riceva una pena proporzionata alla colpa».

«I censori siano i custodi dell'autenticità delle leggi; i privati rispondano dinanzi a loro dei propri atti, né per questo siano svincolati dalla legge».

«La Costituzione è stata esposta. Ora separatevi e vi farò dare le schede».

V [12] QUINTUS: Quam brevi frater in conspectu posita est a te omnium magistratuum discriptio, sed ea paene nostrae civitatis, etsi a te paulum adlatum est novi.

MARCUS: Rectissime Quinte animadvertis. Haec est enim quam Scipio laudat in <illis> libris et quam maxime probat temperationem rei publicae, quae effici non potuisset nisi tali discriptione magistratuum. Nam sic habetote, magistratibus iisque qui praesint contineri rem publicam, et ex eorum conpositione quod cuiusque rei publicae genus sit intellegi. Quae res cum sapientissime moderatissimeque constituta esset a maioribus nostris, nihil habui sane <aut> non multum quod putarem novandum in legibus.

[13] ATTICUS: Reddes igitur nobis, ut in religionis lege fecisti admonitu et rogatu meo, sic de magistratibus, ut disputes, quibus de causis maxime placeat ista discriptio.

MARCUS: Faciam Attice ut vis, et locum istum totum, ut a doctissimis Graeciae quaesitum et disputatum est, explicabo, et ut institui nostra iura attingam.

ATTICUS: Istud maxime exspecto disserendi genus.

MARCUS: Atqui pleraque sunt dicta in illis libris, quod faciendum fuit quom de optuma re publica quaereretur. Sed huius loci de magistratibus sunt propria quaedam, a Theophrasto primum, deinde a Dio<ge>ne Stoico quaesita subtilius.

V. [12] Quinto: - In forma molto succinta, fratello, ci è stata posta sotto gli occhi la distribuzione di tutti i magistrati, ma essa è quasi quella della nostra città, anche se da te è stato aggiunto poco di nuovo.

Marco: - Hai fatto una osservazione molto giusta, Quinto; questo infatti è quel moderato ordinamento dello Stato, che Scipione loda e soprattutto approva in quei libri famosi, né esso si potrebbe ottenere senza tale distinzione di magistrati. Infatti è bene tener presente che lo Stato è tenuto insieme dalle magistrature e da coloro che le presiedono, e che dal loro ordinamento si può capire quale sia la qualità di ogni Stato. E poiché i nostri antenati a ciò hanno provveduto con grande saggezza e moderazione, non hanno avuto assolutamente alcun motivo per le innovazioni, ed io ritengo che oggettivamente non vi fosse molto da innovare nelle leggi.

[13] Attico: - Ed allora, come già hai fatto a proposito della legge sul culto, dietro mio consiglio e richiesta, vorrai spiegarci così anche riguardo ai magistrati, per quali ragioni specifiche si debba fare questa distinzione.

Marco: - Farò come vuoi, Attico, e esporrò per intero tutto questo argomento come fu studiato e discusso dai più dotti Greci e, come ho già programmato, mi occuperò delle nostre leggi.

Attico: - Mi aspetto proprio un tal genere di esposizione.

Marco: - Eppure il più già è stato esposto in quei libri, cosa che pur doveva essere fatta, quando si indagava sulla forma migliore di Stato; ma alcune questioni su questo argomento dei magistrati furono studiate con molta sottigliezza prima da Teofrasto, poi dallo stoico Diogene.

VI [14] ATTICUS: Ain tandem? Etiam a Stoicis ista tractata sunt?

MARCUS: Non sane nisi ab eo quem modo nominavi, et postea a magno homine et in primis erudito Panaetio. Nam veteres verbo tenus acute illi quidem, sed non ad hunc usum popularem atque civilem, de re publica disserebant. Ab Academia magis ista manarunt Platone principe. Post Aristoteles inlustravit omnem hunc civilem in disputando locum, Heraclidesque Ponticus profectus ab eodem Platone. Theophrastus vero institutus ab Aristotele habitavit ut scitis in eo genere rerum, ab eodemque Aristotele doctus Dicaearchus huic rationi studioque non defuit. Post a Theophrasto Phalereus ille Demetrius, de quo feci supra mentionem, mirabiliter doctrinam ex umbraculis eruditorum otioque non modo in solem atque in pulverem, sed in ipsum discrimen aciemque produxit. Nam et mediocriter doctos magnos in re publica viros, et doctissimos homines non nimis in re publica versatos multos commemorare possumus: qui vero utraque re excelleret, ut et doctrinae studiis et regenda civitate princeps esset, quis facile praeter hunc inveniri potest?

ATTICUS: Puto posse, et quidem aliquem de tribus nobis. Sed perge ut coeperas.

VII [15] MARCUS: Quaesitum igitur ab illis est, placeretne unum in civitate esse magistratum cui reliqui parerent. Quod exactis regibus intellego placuisse nostris maioribus. Sed quoniam regale civitatis genus, probatum quondam, postea non tam regni quam regis vitiis repudiatum est, nomen tantum videbitur regis repudiatum, res manebit si unus omnibus reliquis magistratibus imperabit.

VI. [14] ATTICO: - Davvero? Anche dagli Stoici fu trattato questo?

MARCO: - Non del tutto, salvo da colui che ho menzionato poco fa, e poi soprattutto da quel grande e coltissimo uomo, che fu Panezio. Gli antichi, sia pure con parole piene di finezza, erano soliti discutere, sì, ma non per l'utilità pratica del popolo e dello Stato. Queste dottrine derivarono prevalentemente da questa Accademia e in primo luogo da Platone. Successivamente Aristotele illustrò nei suoi trattati tutta questa materia politica, ed Eraclide Pontico, muovendo sempre da Platone. Teofrasto, dal canto suo, discepolo di Aristotele, pose il suo principale studio, come sapete, in mezzo a tal genere di problemi, ed anche Dicearco, istruito dallo stesso Aristotele, non mancò d'applicarsi a questo genere di studi. Quindi, sulla scia di Teofrasto, quel Demetrio Falereo già da me citato, trasse in maniera ammirevole questa scienza non solo dalla quiete tranquilla dei dotti al sole ed alla polvere, ma addirittura nei pericoli della lotta politica. Possiamo infatti ricordare molti grandi uomini politici pur di mediocre cultura e molti uomini coltissimi non molto interessati alla vita pubblica; ma al di fuori di questi, chi potremmo facilmente individuare che eccellesse in ambedue le attività, e fosse il più grande sia negli studi scientifici sia nella gestione dello Stato?

ATTICO: - Penso che lo si possa trovare, e precisamente qualcuno di noi tre; ma continua come avevi iniziato.

VII. [15] MARCO: - Da quegli studiosi fu posto dunque il quesito, se in uno Stato potrebbe avere successo la presenza di un solo magistrato cui gli altri fossero sottoposti. Il che, lo capisco, piacque ai nostri antenati dopo la cacciata dei re. Ma poiché l'ordinamento monarchico, un tempo apprezzato, venne in seguito ripudiato non per difetto del regno in sé, ma per i difetti del re, sembrerà che sia stato ripudiato il nome soltanto di re, ne resterà invece la sostanza, se uno solo avrà giurisdizione su tutti gli altri magistrati.

[16] Quare nec ephori Lacedaemone sine causa a Theopompo oppositi regibus, nec apud nos consulibus tribuni. Nam illud quidem ipsum quod in iure positum est habet consul, ut ei reliqui magistratus omnes pareant, excepto tribuno, qui post exstitit ne id quod fuerat esset. Hoc enim primum minuit consulare ius, quod exstitit ipse qui eo non teneretur, deinde quod attulit auxilium reliquis non modo magistratibus, sed etiam privatis consuli non parentibus.

[17] QUINTUS: Magnum dicis malum. Nam ista potestate nata gravitas optimatium cecidit, convaluitque vis multitudinis.

MARCUS: Non est Quinte ita. Non ius enim illud solum superbius populo, <sed> et violentius videri necesse erat. Quo posteaquam modica et sapiens temperatio accessit*

[*Macrobius de differentiis et societatibus 17,6: Cicero de legibus tertio:* Qui poterit socios tueri, si dilectum rerum utilium et inutilium non habebit? Ü convertem lex in omnis est.]

VIII [18] «Domum cum laude redeunto». Nihil enim praeter laudem bonis atque innocentibus neque ex hostibus neque a sociis reortandum.

Iam illud apertum est profecto nihil esse turpius quam quemquam legari nisi rei publicae causa. Omitto quem ad modum isti se gerant atque gesserint, qui legatione hereditates aut syngraphas suas persecuntur. In hominibus est hoc fortasse vitium. Sed quaero quid reapse sit turpius, quam sine procuratione senator legatus, sine mandatis, sine ullo rei publicae munere? Quod quidem genus legationis ego consul, quamquam ad commodum senatus pertinere videbatur, tamen adprobante senatu frequentissimo, nisi mihi levis tribunus plebis tum intercessisset, sustulissem. Minui tamen tempus, et quod erat infinitum, annuum feci. Ita turpitudo manet, diutunitate sublata. Sed iam si placet de provinciis decedatur, in urbemque redeatur.

ATTICUS: Nobis vero placet, sed iis qui in provinciis sunt minime placet.

[16] Perciò non a caso a Sparta Teopompo contrappose ai re gli efori, e noi i tribuni ai consoli. Infatti il console ha appunto quello che gli è riconosciuto di diritto, la facoltà di farsi obbedire da tutti gli altri magistrati ad eccezione del tribuno, il quale venne istituito in un secondo tempo affinché non vi fossero più quegli inconvenienti che si erano verificati in passato. E questo evento, in primo luogo, la nascita di una magistratura non soggetta ad esso, sminuì il potere consolare, e secondariamente il fatto che essa recò appoggio non soltanto agli altri magistrati, ma anche ai privati che non obbedissero al console.

[17] QUINTO: - Tu parli di un grande male; infatti con la nascita di questo potere, il prestigio degli ottimati decadde e si rafforzò la violenza della folla.

MARCO: - Non è così, Quinto. Infatti non solo quella potestà consolare doveva parere al popolo troppo superba, ma anche prepotente. Ma quando si fece strada un moderato e saggio temperamento †... la legge deve essere uguale per tutti.

VIII. [18] «Ritornino a casa con le lodi». Null'altro di più, difatti, all'infuori della lode, dovrebbero ottenere sia dai nemici sia dagli alleati.i cittadini onesti ed integerrimi. Ed è di certo chiaro questo ormai, che non vi è niente di più vergognoso che farsi mandare in missione, se non sia per una pubblica utilità. Tralascio di ricordare come si comportino e si siano comportati coloro che si servono di un incarico per stare dietro alle loro eredità o ai loro crediti. Questo è forse un difetto tipico dell'uomo; ma mi domando che cosa vi può essere di più squallido di un senatore investito di un incarico senza alcun obbligo, senza mandato, senza alcun compito di pubblico interesse? Questo genere di missioni io lo avrei soppresso nella mia veste di console, con l'approvazione unanime del Senato, sebbene ciò sembrasse strettamente pertinente i senatori, se un tribuno della plebe, un tipo bizzarro, non mi avesse posto il veto. Riuscii tuttavia a limitarne la durata, e ciò che era a tempo indeterminato, lo feci ridurre ad annuale. Resta così questa macchia, però – almeno – è stata eliminata la durata. A questo punto, ormai, se preferite, lasciamo le province e ritorniamo a Roma.

ATTICO: - A noi sta bene così, ma non lo vorranno affatto i funzionari provinciali.

[19] MARCUS: At vero Tite si parebunt his legibus, nihil erit iis urbe, nihil domo sua dulcius, nec laboriosius molestiusque provincia. Sed sequitur lex quae sancit eam tribunorum plebis potestatem, quae est in re publica nostra. De qua disseri nihil necesse est.

QUINTUS: At mehercule ego frater quaero, de ista potestate quid sentias. Nam mihi quidem pestifera videtur, quippe quae in seditione et ad seditionem nata sit. Cuius primum ortum si recordari volumus, inter arma civium et occupatis et obsessis urbis locis procreatum videmus. Deinde quom esset cito necatus tamquam ex XII tabulis insignis ad deformitatem puer, brevi tempore nescio

IX quo pacto recreatus multoque taetrior et foedior natus est. Quae enim ille non edidit? Qui primum, ut inpio dignum fuit, patribus omnem honorem eripuit, omnia infima summis paria fecit, turbavit, miscuit. Cum adflixisset prineipum gravitatem, numquam tamen conquievit.

[20] Namque ut C. Flaminium atque ea quae iam prisca videntur propter vetustatem relinquam, quid iuris bonis viris Tiberi Gracchi tribunatus reliquit? Etsi quinquennio ante D[ecim]um Brutum et P. Scipionem consules — quos et quantos viros! — homo omnium infimus et sordidissimus tribunus plebis C. Curiatius in vincula coniecit, quod ante factum non erat. C. vero Gracchi tribunatus sicis quas ipse se proiecisse in forum dixit, quibus digladiarentur inter se cives, nonne omnem rei publicae statum perturbavit? Quid iam de Saturnino, Sulpicio, reliquis dicam? Quos ne depellere quidem a se sine ferro potuit res publica.

[19] MARCO: - Però, Tito, se i governanti obbediranno a queste leggi, per loro nulla sarà più dolce della città, della loro casa, e nulla di più faticoso e fastidioso della provincia. Ma ora viene di seguito la legge che stabilisce quella potestà dei tribuni della plebe, la quale già è nel nostro Stato; e di essa non sarebbe necessario discutere.

QUINTO: - Ma, per Ercole, ti chiedo, fratello, che ne pensi di questa magistratura. A me infatti sembra persino pestifera, poiché nacque nella rivoluzione e per la rivoluzione; se vogliamo ricordarne le fasi iniziali, vediamo che esse presero corpo tra le guerre civili e mentre i quartieri della città erano invasi ed assediati. In seguito, essendo essa stata subito soppressa , secondo il testo delle XII Tavole, come un bambino colpito da malformazione, in breve e non so come, fu ristabilita e rinacque molto più deforme e ripugnante di prima.

IX. Quali leggi infatti quel magistrato non tirò fuori? E in primo luogo, come ben si addiceva ad un empio, quello sottrasse ogni titolo di merito ai senatori, pareggiò gli infimi gradi ai massimi, tutto sconvolse creando confusione; e, dopo avere scosso il prestigio dei principali funzionari, non rimase affatto tranquillo.

[20] E, per non parlare di Caio Flaminio e di quegli episodi che ormai già sembrano lontanissimi nel tempo per la loro antichità, il tribunato di Tiberio Gracco quale diritto lasciò intatto agli uomini dabbene? Eppure cinque anni prima un uomo d'infima origine e spregevole quanto mai, il tribuno della plebe Caio Curiazio, aveva mandato in prigione Decimo Bruto e Publio Scipione – che uomini, e quanto grandi! –, fatto questo mai verificatosi in passato. Ma il tribunato di Caio Gracco con le turbolenze e con quei pugnali, che egli stesso affermò di aver gettato nel Foro, affinchè con essi i cittadini si sgozzassero fra di loro, non sconvolse forse del tutto le condizioni dello Stato? E che altro dovrei dire ormai di Saturnino, di Sulpicio, di tutti gli altri? E questi lo Stato non potè allontanare da sé senza l'utilizzo delle armi.

[21] Cur autem aut vetera aut aliena proferam potius quam et nostra et recentia? Quis, inquam, tam audax, tam nobis inimicus fuisset, ut cogitaret umquam de statu nostro labefactando, nisi mucronem aliquem tribunicium exacuisset in nos? Quem quom homines scelerati ac perditi non modo ulla in domo, sed nulla in gente reperirent, gentis sibi in tenebris rei publicae perturbandas putaverunt. Quod nobis quidem egregium et ad inmortalitatem memoriae gloriosum, neminem in nos mercede ulla tribunum potuisse reperiri, nisi cui ne esse quidem licuisset tribuno.

[22] Sed ille quas strages edidit! Eas videlicet quas sine ratione ac sine ulla spe bona furor edere potuit inpurae beluae, multorum inflammatus furoribus. Quam ob rem in ista quidem re vehementer Sullam probo, qui tribunis plebis sua lege iniuriae faciendae potestatem ademerit, auxilii ferendi reliquerit, Pompeiumque nostrum <in> ceteris rebus omnibus semper amplissimis summisque ecfero laudibus, de tribunicia potestate taceo. Nec enim reprehendere libct, nec laudare possum.

[21] E perché poi dovrei rammentare o fatti antichi o estranei anziché i nostri, e per di più recenti? Chi, dico io, avrebbe potuto mai essere tanto temerario, tanto nemico nei nostri confronti, da pensare di farci precipitare giù dalla nostra posizione, se non avesse puntato contro di noi il pugnale di qualche tribuno?[161] Ma poiché questi uomini scellerati e disperati non poterono trovarlo in nessuna casa, né in nessuna famiglia, credettero di poter sconvolgere le masse nelle zone tenebrose dello Stato. Notevole e degno d'immortale ricordo è per noi il fatto che per nessun compenso si potè trovare alcun tribuno contro di noi, se non uno per il quale non sarebbe stato neppure legale essere tribuno.

[22] Ma quello quali stragi compì! Esse furono tali, quali solo la furia di una belva impura, accesa dal furore di molti[162] avrebbe potuto provocare, senza una ragione e senza alcuna onesta speranza. Ed è per questo motivo che io apprezzo vivamente Silla, che con la sua legge tolse ai tribuni della plebe la possibilità di nuocere, lasciando loro quella di portare aiuto alla plebe[163]; ed io sempre esalto con grandi e ampi riconoscimenti il nostro Pompeo[164] per tutto il resto, preferisco tacere per quanto conceme la potestà tribunizia. Infatti non mi farebbe piacere criticarlo, ma nemmeno potrei lodarlo.

---

[161] Cicerone allude a Clodio, suo acerrimo nemico personale, che lo cacciò in esilio e gli demolì la casa.

[162] Intende i seguaci di Codio.

[163] Nell'80 a.C., con la sua *Lex de tribunicia protestate*, Silla limitò per i tribuni lo *ius cum plebe agendi*, affidando all'autorità del Senato il diritto di proporre leggi nei comizi e quello di accusare, e ridusse lo *ius intercedendi* entro i confini primitivi.

[164] Gneo Pompeo Magno aveva restituito già nel 70 a.C. ai tribuni tutte le loro antiche prerogative, per accattivarsene l'appoggio.

X [23] MARCUS: Vitia quidem tribunatus praeclare Quinte perspicis, sed est iniqua in omni re accusanda praetermissis bonis malorum enumeratio vitiorumque selectio. Nam isto quidem modo vel consulatus vitupe[rari po]test, si consulum quos enumerare nolo peccata collegeris. Ego enim fateor in ista ipsa potestate inesse quiddam mali, sed bonum, quod est quaesitum in ea, sine isto malo non haberemus. «Nimia potestas est tribunorum plebis». Quis negat? Sed vis populi multo saevior multoque vehementior, quae ducem quom habet interdum lenior est, quam si nullum haberet. Dux enim suo se periculo progredi cogitat, populi impetus periculi rationem sui non habet.

[24] «At aliquando incenditur». Et quidem saepe sedatur. Quod enim est tam desperatum collegium, in quo nemo e decem sana mente sit? Quin ipsum Ti. Gracchum non solum neglectus sed etiam sublatus intercessor evertit. Quid enim illum aliud perculit, nisi quod potestatem intercedenti collegae abrogavit? Sed tu sapientiam maiorum in illo vide: concessa plebei a patribus ista potestate arma ceciderunt, restincta seditio est, inventum est temperamentum, quo tenuiores cum principibus aequari se putarent, in quo uno fuit civitatis salus. «At duo Gracchi fuerunt». Et praeter eos quamvis enumeres multos licet, cum deni creentur, <non>nullos in omni memoria reperies perniciosos tribunos, leves etiam, non bonos, fortasse plures: invidia quidem summus ordo caret, plebes de suo iure periculosas contentione nullas facit.

X. [23] MARCO: - Tu scorgi molto bene i difetti del tribunato, Quinto, ma in ogni accusa sarebbe ingiusto dare risalto ai difetti ed enumerare i mali, dimenticando gli aspetti positivi; è ovvio che in questo modo si può rimproverare anche il consolato, col raccogliere le colpe di quei consoli, che non sto ad elencare. Anch'io infatti ammetto che in questa magistratura c'è qualcosa di negativo; ma senza questo male non avremmo nemmeno i vantaggi che ne sono derivati. «Il potere dei tribuni della plebe è eccessivo». E chi lo nega? Ma è molto più crudele e sfrenata la violenza della plebe, eppure questa, allorché trova una guida, è talvolta più docile che se non ne avesse alcuna. Un capo, infatti, sa bene di procedere a proprio rischio e pericolo, ma l'irruenza della folla non sempre ha consapevolezza del proprio pericolo.

[24] «Ma qualche volta sì infiamma». E in verità spesso si calma. Quale organo collegiale potrebbe essere così disperato, da non avere fra dieci suoi componenti qualcuno sano di mente? Che anzi proprio un oppositore, che era stato non solo trascurato, ma addirittura soppresso, condusse alla rovina lo stesso Tiberio Gracco. Che altro infatti lo abbattè, se non il fatto di avere annullato il potere al collega[165] che gli si opponeva? Ma tu scorgi in quell'episodio la saggezza dei nostri antenati: dopo che dai patrizi fu concessa alla plebe questa magistratura le armi caddero, la rivoluzione fu spenta, si trovò un compromesso, per cui gli individui delle classi più umili potessero credere di essere equiparati agli ottimati; ed in questo solo provvedimento vi fu la salvezza dello Stato. «Ma i Gracchi furono due». Ed oltre a quelli, sebbene si possano contarne molti, dal momento che erano nominati a dieci per volta, troverai vari tribuni assolutamente funesti nel ricordo di tutti, ed anche di avventati, di non buoni forse di più: la classe alta non è più malvista, la plebe non fa più azioni di lotta per i suoi diritti.

---

[165] È il tribuno Marco Ottavio, che oppose il veto alle rogazioni di Tiberio Gracco quest'ultimo, per realizzare i propri disegni, non soltanto gli proibì di parlare ma fu costretto a farlo estromettere dal tribunato con un voto dei comizi.

[25] Quam ob rem aut exigendi reges non fuerunt, aut plebi re, non verbo, danda libertas. Quae tamen sic data est, ut multis <institutis> praeclarissimis adduceretur, ut auctoritati principum cederet.

XI Nostra autem causa quae, optume et dulcissume frater, incidit in tribuniciam potestatem, nihil habuit contentionis cum tribunatu. Non enim plebes incitata nostris rebus invidit, sed vincula soluta sunt et servitia concitata, adiuncto terrore etiam militari. Neque nobis cum illa tum peste certamen fuit, sed cum gravissimo rei publicae tempore, cui si non cessissem, non diuturnum beneficii mei patria fructum tulisset. Atque haec rerum exitus indicavit: quis enim non modo liber, sed etiam servus libertate dignus fuit, cui nostra salus cara non esset?

[26] Quodsi is casus fuisset rerum quas pro salute rei publicae gessimus, ut non omnibus gratus esset, et si nos multitudinis furentis inflammata invidia pepulisset, tribuniciaque vis in me populum, sicut Gracchus in Laenatem, Saturninus in Metellum incitasset, ferremus o Quinte frater, consolarenturque nos non tam philosophi qui Athenis fuerunt — qui hoc facere debebant —, quam clarissimi vin qui illa urbe pulsi carere ingrata civitate quam manere in <im>proba maluerunt. Pompeium vero quod una ista in re non ita valde probas, vix satis mihi illud videris attendere, non solum ei quid esset optimum videndum fuisse, sed etiam quid necessarium. Sensit enim deberi non posse huic civitati illam potestatem: quippe quam tanto opere populus noster ignotam expetisset, qui posset carere cognita? Sapientis autem civis fuit, causam nec perniciosam et ita popularem ut non posset obsisti, perniciose populari civi non relinquere. — Scis solere frater in huius modi sermone, ut transiri alio possit, dici 'admodum' aut 'prorsus ita est.'

QUINTUS: Haud equidem adsentior. Tu tamen ad reliqua pergas velim.

MARCUS: Perseveras tu quidem et in tua vetere sententia permanes.

ATTICUS: Nec mehercule ego sane a Quinto nostro dissentio. Sed ea quae restant audiamus.

[25] Perciò o non si sarebbero dovuti cacciare i re, o si doveva concedere alla plebe una libertà concreta, non a parole. Questa tuttavia fu concessa in modo tale da cedere all'autorità dei più ragguardevoli cittadini, grazie numerose ottime istituzioni.

XI. La mia attività politica la quale, ottimo e caro fratello, si scontrò con l'autorità tribunizia, non ebbe alcuna contesa col tribunato in sé.Non fu infatti la plebe eccitata a scagliarsi contro i nostri beni, ma furono aperte le prigioni e furono aizzati gli schiavi, aggiungendovi per di più il terrore militare. Ed io allora non ebbi alcuno scontro con quell'uomo pestifero, ma con la gravissima situazione politica, per cui se io non mi fossi piegato, la mia patria non avrebbe conseguito un duraturo frutto del beneficio da me fattole. E questo fu confermato dalla conclusione degli avvenimenti: chi vi fu, non solo di libera condizione, ma anche schiavo degno di libertà, al quale non stesse a cuore la nostra salvezza?

[26] Al punto che, se il risultato di quanto feci per la salvezza della patria fosse stato tale da non essere gradito a tutti, e se invece l'odio divampante della moltitudine infuriata mi avesse cacciato via e la violenza dei tribuni avesse scagliato contro di me il popolo, così come Gracco contro Lenate, Saturnino contro Metello, lo avremmo tollerato, fratello mio Quinto, e ci avrebbero dato conforto non tanto quei filosofi vissuti ad Atene, – il cui compito era appunto questo –, quanto piuttosto quegli illustri personaggi che, scacciati da quella città, preferirono essere privati di una città ingrata che rimanere in una disonesta. Tu non approvi molto Pompeo appunto per questa sola circostanza, e ciò mi fa credere che tu non hai seguito con sufficiente attenzione che egli dovette valutare non soltanto quella che era meglio, ma anche ciò che era necessario. Difatti si rese conto che non era possibile negare alla cittadinanza il diritto di questa magistratura; considerato che il nostro popolo aveva desiderato tanto ardentemente una autorità ancora ignota, come avrebbe potuto farne a meno dopo averlo conosciuta? Fu dunque da saggio cittadino il non abbandonare ad un altro cittadino pericolosamente popolare una causa di per sé non pericolosa e già così popolare da non potervisi opporre. Tu, fratello, sai che in questo tipo di discussioni, per poter passare ad altro, si è soliti dire «sta bene» oppure «è proprio così».

QUINTO: - Io invece non sono d'accordo; desidererei però che tu continuassi, passando al resto.

MARCO: - Tu dunque insisti e rimani della tua precedente opinione.

ATTICO: - Neppure io, per Ercole, mi trovo in disaccordo col nostro Quinto; ma ascoltiamo quel che rimane.

XII [27] MARCUS: Deinceps igitur omnibus magistratibus auspicia et iudicia dantur: iudicia <ita> ut esset populi potestas ad quam provocaretur, auspicia ut multos inutiles comitiatus probabiles inpedirent morae. Saepe enim populi impetum iniustum auspiciis di immortales represserunt. Ex iis autem qui magistratum ceperunt quod senatus efficitur, populare <est> sane neminem in summum locum nisi per populum venire, sublata cooptatione censoria. Sed praesto est huius viti temperatio, quod senatus lege nostra confirmatur auctoritas.

[28] Sequitur enim: «Eius decreta rata sunto». Nam ita se res habet, ut si senatus dominus sit publici consilii, quodque is creverit defendant omnes, et si ordines reliqui principis ordinis consilio rem publicam gubernari velint, possit ex temperatione iuris, cum potestas in populo, auctoritas in senatu sit, teneri ille moderatus et concors civitatis status, praesertim si proximae legi parebitur; nam proximum est: «Is ordo vitio careto, ceteris specimen esto».

QUINTUS: Praeclara vero frater ista lex, sed et late patet ut vitio careat ordo, et censorem quaerit interpretem.

XII. [27] MARCO: - In seguito si attribuisce a tutti i magistrati la facoltà di trarre auspici e di giudicare: i giudizi, affinchè vi fosse un'autorità popolare alla quale appellarsi, gli auspici, affinchè ragionevoli dilazioni impedissero molti comizi inutili; infatti non di rado gli dèi immortali repressero con gli auspici la foga ingiustificata del popolo. Tra quelli vi furono coloro i quali tennero la magistratura, e questi sono i soggetti che compongono il senato; sarebbe gradito al popolo che nessuno pervenisse alla massima carica se non per elezione popolare, una volta eliminata l'integrazione del senato per opera dei censori. Ma si trova a portata di mano uno strumento che attenua questo difetto, per il fatto che l'autorità del Senato viene consolidata dalla nostra Costituzione.

[28] Essa infatti aggiunge: «I suoi decreti siano irrevocabili». Infatti le cose stanno in questi termini, ovverosia, se il Senato è l'arbitro delle pubbliche decisioni, tutti sostengano quanto esso ha stabilito, e se le altre classi vogliono che lo Stato sia governato dal consiglio di questa classe di ottimati, è possibile, mediante il giusto equilibrio dei diritti, risiedendo il potere nel popolo e l'autorità nel Senato, mantenere lo Stato in condizioni di normalità e di concordia[166], soprattutto se viene osservata la legge successiva, la quale afferma: «Quest'ordine sia esente da difetti, funga da esempio per gli altri».

Quinto: - Davvero magnifica, questa legge, fratello, ma è anche del tutto chiaro che quest'ordine sia del tutto esente da difetti, ed inoltre esige l'intervento del censore per la sua interpretazione.

---

[166] È il celebre concetto della *concordia ordinum*, carissimo a Cicerone.

[29] ATTICUS: Ille vero etsi tuus est totus ordo, gratissimamque memoriam retinet consulatus tui, pace tua dixerim: non modo censores sed etiam iudices omnes potest defatigare.

XIII MARCUS: Omitte ista Attice! Non enim de hoc senatu nec his de hominibus qui nunc sunt, sed de futuris, si qui forte his legibus parere voluerint, haec habetur oratio. Nam cum omni vitio carere lex iubeat, ne veniet quidem in eum ordinem quisquam vitii particeps. Id autem difficile factu est nisi educatione quadam et disciplina; de qua dicemus aliquid fortasse, si quid fuerit loci aut temporis.

[30] ATTICUS: Locus certe non derit, quoniam tenes ordinem legum; tempus vero largitur longitudo diei. Ego autem, etiam si praeterieris, repetam a te istum de educatione et de disciplina locum.

MARCUS: Tu vero et istum Attice, et si quem alium praeteriero.

«Ceteris specimen esto». Quod si tenemus, <tenemus> omnia. Ut enim cupiditatibus principum et vitiis infici solet tota civitas, sic emendari et corrigi continentia. vir magnus et nobis omnibus amicus L. Lucullus ferebatur, quasi commodissime respondisset, cum esset obiecta magnificentia villae Tusculanae, duo se habere vicinos, superiorem equitem Romanum, inferiorem libertinum: quorum cum essent magnificae villae, concedi sibi oportere quod iis qui inferioris ordinis essent liceret. Non vides Luculle a te id ipsum natum ut illi cuperent quibus id si tu non faceres non liceret?

[29] Attico: - Ma quest'ordine, sebbene sia tutto tuo e conservi il ricordo riconoscente del tuo consolato, potrebbe stancare, con tua buona pace, consentimi di dirlo, non solo i censori, ma anche tutti i giudici.

XIII. Marco: - Lascia stare questi argomenti, Attico; questa discussione non riguarderà questo senato né questi uomini che vi sono oggi, ma quelli futuri, se alcuni per caso vorranno obbedire a queste leggi. Infatti poiché la legge impone che quest'assemblea sia esente da ogni difetto, non sarà nemmeno ammesso in quest'ordine alcuno partecipe di azioni indegne. E ciò in pratica è difficile da attuarsi, se non grazie ad una certa educazione e disciplina; delle quali forse diremo qualcosa, se rimarrà un po' di tempo e l'occasione.

[30] ATTICO: - L'occasione certo non mancherà, poiché tu stai seguendo l'ordinata successione delle leggi; il tempo, poi, ce lo dà la lunghezza della giornata. Ed anche se ti passasse dalla mente, sarò io a rammentarti questo punto della educazione e della disciplina.

MARCO: - E tu chiedimi liberamente, Attico, sia questo sia qualunque altro argomento su cui sarò passato oltre. «Sia di esempio agli altri». Se [abbiamo] questo, abbiamo tutto. Come infatti l'intera città è di solito contaminata dalle passioni e dai vizi dei principali esponenti, così essa viene risanata e corretta dal loro equilibrio. Si raccontava che quel grande uomo ed amico di noi tutti, Lucio Lucullo, al rimprovero che gli era stato mosso circa la magnificenza della sua villa di Tuscolo, avesse risposto molto garbatamente, di avere due vicini, un cavaliere romano quello di ceto più elevato, e un liberto di ceto inferiore; avendo costoro delle ville magnifiche, si doveva pur concedere a lui quanto era lecito a coloro che appartenevano ad una classe inferiore. Ma non vedi, Lucullo, che da te nacque appunto quel problema, cioè che essi desiderassero ciò che a loro non sarebbe stato lecito, se tu non l'avessi fatto?

[31] Quis enim ferret istos, cum videret eorum villas signis et tabulis refertas, partim publicis, partim etiam sacris et religiosis, quis non frangeret eorum libidines, nisi illi ipsi qui eas frangere deberent cupiditatis eiusdem tenerentur?

XIV Nec enim tantum mali est peccare principes, quamquam est magnum hoc per se ipsum malum, quantum illud quod permulti imitatores principum existunt. Nam licet videre, si velis replicare memoriam temporum, qualescumquc summi civitatis viri fuerint, talem civitatem fuisse; quaecumque mutatio morum in principibus extiterit, eandem in populo secutam.

[32] Idque haud paulo est verius, quam quod Platoni nostro placet. Qui musicorum cantibus ait mutatis mutari civitatum status: ego autem nobilium vita victuque mutato mores mutari civitatum puto. Quo perniciosius de re publica merentur vitiosi principes, quod non solum vitia concipiunt ipsi, sed ea infundunt in civitatem, neque solum obsunt quod ipsi corrumpuntur, sed etiam quod corrumpunt, plusque exemplo quam peccato nocent. Atque haec lex, dilatata in ordinem cunctum, coangustari etiam potest: pauci enim atque admodum pauci honore et gloria amplificati vel corrumpere mores civitatis vel corrigere possunt. Sed haec et nunc satis, et in illis libris tractata sunt diligentius. Quare ad reliqua veniamus.

[31] E chi mai avrebbe potuto sopportare tali uomini, vedendo le loro ville zeppe di statue e di quadri, in parte appartenenti allo Stato, in parte perfino ad enti religiosi e luoghi sacri? Chi non porrebbe termine alle loro brame, se appunto coloro che dovrebbero frenarle, non fossero succubi della medesima avidità?

XIV. Ma i difetti degli ottimati non sono tanto un male in sé, sebbene questo sia già un grande male di per sé stesso, quanto per il fatto che degli ottimati spuntino fuori moltissimi imitatori. È possibile vedere infatti che, volendo andare indietro nel tempo, a seconda di quali siano stati i maggiori esponenti della città, tale fu pure la città; e qualunque cambiamento morale si sia manifestato negli ottimati, il medesimo cambiamento ne è seguito nel popolo.

[32] E questo è molto più vero di quanto ritiene il nostro Platone. Egli afferma che le condizioni dello Stato mutano col mutare degli stili musicali; io invece penso che i costumi delle città cambino dopo che è cambiato il tenore di vita dei nobili. Per questo appunto i maggiori responsabili della rovina dello Stato sono i nobili corrotti, in quanto non soltanto nutrono in sé i propri vizi, ma li trasmettono ai cittadini, e sono di danno non soltanto per la loro stessa corruzione, ma anche perché essi corrompono, e nuocciono più con il cattivo esempio che con la loro colpa. E questa legge, estesa a tutta una categoria, può avere un'applicazione anche più ristretta; pochi infatti, molto pochi sono quelli che, ingranditisi per onori e per gloria, possono o corrompere o correggere i costumi dei cittadini. Ma di ciò si è detto abbastanza anche ora, e se ne è già trattato in altri libri in maniera più approfondita. Perciò passiamo al resto.

XV [33] Proximum autem est de suifragiis, quae iubeo nota esse optimatibus, populo libera.

ATTICUS: Ita mehereule attendi, nec satis intellexi quid sibi lex aut quid verba ista vellent.

MARCUS: Dicam Tite et versabor in re difficili ac multum et saepe quaesita, suffragia in magistratu mandando ac de reo iudicando <sciscenda>que in lege aut rogatione clam an palam ferri melius esset.

QUINTUS: An etiam id dubium est? Vereor ne a te rursus dissentiam.

MARCUS: Non facies Quinte. Nam ego in ista sum sententia qua te fuisse semper scio, nihil ut fuerit in suffragiis voce melius; sed optineri an possit videndum est.

[34] QUINTUS: Atqui frater bona tua venia dixerim, ista sententia maxime et fallit imperitos, et obest saepissime rei publicae, cum aliquid verum et rectum esse dicitur, sed optineri id est obsisti posse populo negatur. Primum enim obsistitur cum agitur severe, deinde vi opprimi in bona causa est melius quam malae cedere. Quis autem non sentit omnem auctoritatem optimatium tabellariam legem abstulisse? Quam populus liber numquam desideravit, idem oppressus dominatu ac potentia principum flagitavit. Itaque graviora iudicia de potentissimis hominibus extant vocis quam tabellae. Quam ob rem suffragandi nimia libido in non bonis causis eripienda fuit potentibus, non latebra danda populo, in qua bonis ignorantibus quid quisque sentiret, tabella vitiosum occultaret suffragium. Itaque isti rationi neque lator quisquam est inventus nec auctor umquam bonus.

XV. [33] Il prossimo argomento concerne le votazioni, di cui vorrei che gli ottimati fossero informati, e libere al popolo.

ATTICO: - Così ho inteso, ma non mi è stato abbastanza chiaro che cosa volesse dire questa legge o queste parole.

MARCO: - Lo dirò, Tito, e dovrò trattenermi su un argomento difficile, molto e spesso dibattuto, se sia meglio cioè il voto segreto o quello pubblico nell'elezione di un magistrato o nel giudicare un imputato e nel proporre o decretare una legge.

QUINTO: - Ma c'è da dubitarne? Temo di non essere, ancora una volta, in accordo con te.

MARCO: - Non lo sarai, Quinto. Infatti io ho quest'opinione che so essere sempre stata condivisa da te, cioè che nelle votazioni nulla vi sarebbe di meglio della dichiarazione verbale; ma occorre che si accerti se sussistano le condizioni perché si possa fare.

[34] QUINTO: - Eppure, fratello, con tua buona pace, oserei dire, quest'opinione in particolare inganna sia gli inesperti e sia, assai spesso, nuoce al pubblico interesse, allorché si afferma che qualcosa è vera e giusta, ma si dichiara che non si può ottenere, ossia che non è possibile opporsi al popolo. Ci si oppone infatti in primo luogo agendo con severità, e secondariamente subire violenza per una causa buona è meglio che assecondarne una cattiva. Chi non s'accorge infatti che la legge tabellaria ha annullato tutta l'influenza degli ottimati? Legge che il popolo libero mai aveva desiderato, ma che chiese con insistenza invece quando fu oppresso dalla dominazione e dal potere dei capi. Pertanto quando si debbono giudicare i personaggi più potenti, risultano più severi i giudizi dati a voce di quelli della scheda. Per tal motivo si sarebbe dovuto impedire ai potenti l'eccessiva voglia di racimolare voti in cause non oneste, piuttosto che offrire al popolo un rifugio, nel quale mentre i galantuomini ignorano ciò che ciascuno di loro pensa, con la scheda esso nasconde un voto riprovevole. Pertanto non si trovò mai una persona retta che volesse suggerire o presentare un tale progetto di legge.

XVI [35] Sunt enim quattuor leges tabellariae, quarum prima de magistratibus mandandis: ea est Gabinia, lata ab homine ignoto et sordido. Secuta biennio post Cassia est de populi iudiciis, a nobili homine lata L. Cassio, sed, pace familiae dixerim, dissidente a bonis atque omnis rumusculos populari ratione aucupante. Carbonis est tertia de iubendis legibus ac vetandis, seditiosi atque inprobi civis, cui ne reditus quidem ad bonos salutem a bonis potuit adferre.

[36] Uno in genere relinqui videbatur vocis suffragium, quod ipse Cassius exceperat, perduellionis. Dedit huic quoque iudicio C. Coelius tabellam, doluitque quoad vixit se ut opprimeret C. Popillium nocuisse rei publicae. Et avus quidem noster singulari virtute in hoc municipio quoad vixit restitit M.Gratidio cuius in matrimonio sororem aviam nostram habebat, ferenti legem tabellariam. Excitabat enim fluctus in simpulo ut dicitur Gratidius, quos post filius eius Marius in Aegaeo excitavit mari. Ac nostro quidem avo, cum res esset ad se delata, M. Scaurus consul: «Utinam» inquit «M. Cicero isto animo atque virtute in summa re publica nobiscum versari quam in municipali maluisses!».

XVI. [35] Quattro sono infatti le leggi tabellari la prima delle quali riguarda l'elezione dei magistrati; essa è la Gabinia[167], presentata da un uomo di estrazione sociale bassa e volgare. Due anni dopo arrivò la legge Cassia[168] sui processi popolari, proposta da Lucio Cassio, nobile ma, con buona pace della sua famiglia, in disaccordo con i galantuomini, e bramoso di monopolizzare ogni minimo accenno di favore accarezzando il popolo. La terza è quella di Carbone[169], riguardante l'approvazione o il rigetto delle leggi; cittadino, questo, turbolento e disonesto, al quale non potè procurargli sicurezza da parte dei galantuomini nemmeno l'aver fatto ritomo fra di loro.

[36] In un solo genere di dichiarazioni, per il quale aveva fatto eccezione lo stesso Cassio, sembrava essere lasciato il voto verbale, quello di alto tradimento. Ma anche a questa sorte di processi Caio Celio[170] impose la scheda, e finché visse si rammaricò di avere procurato un danno allo Stato pur di far condannare Gaio Popilio[171]. Anche il nostro nonno, eccezionalmente probo tra i cittadini di questo municipio, finché visse, si oppose a Marco Gratidio[172] che proponeva una legge tabellaria, quantunque ne avesse sposato la sorella, che era nostra nonna; infatti Gratidio, com'egli era solito dire, sollevava tempeste in un bicchiere, quelle che poi suo figlio Mario sollevò nel mare Egeo. Ed a nostro nonno il console Marco Scauro[173], informato della cosa, disse: «Volesse Iddio, o Marco Cicerone, che con questo tuo carattere e questo tuo rigore morale, tu avessi preferito occuparti di tutto lo Stato insieme a noi, anziché di questo tuo municipio!».

---

[167] La *Lex Gabinia* fu rogata nel 139 a.C.

[168] Fu proposta nel 137 a.C. e ordinò le tavolette a tutti i giudizi del popolo, eccettuati quelli per alto tradimento; l'autore ne fu Lucio Cassio Longino Ravilla ("dagli occhi grigi"), che fu preso, per questa legge, grandemente in odio dagli ottimati. Fu severo ma equanime censore nel 127 a.C.

[169] Caio Papirio Carbone, plebeo, tribuno della plebe nel 131 a.C. assieme a Caio Gracco, si inimicò Scipione Emiliano, della cui morte fu sospettato. Eletto console nel 120 a.C., si schierò dalla parte dei nobili, ma costoro lo guardarono sempre con sospetto, ed anzi fu accusato da Crasso di aver preso parte alle sedizioni dei Gracchi, e si sottrasse alla condanna con il suicidio (CICERONE, *Lettere ai Familiari*, IX, 21, 3).

[170] Caio Celio Caldo, tribuno delle plebe nel 107 a.C., fece approvare una legge gabellarla anche nei processi per alto tradimento (*perduellio*) in odio al nemico Gaio Popilio, che aveva stipulato un trattato ignominioso con i Tigurini (Orosio, *Le Storie contro i pagani*. V, 15).

[171] Legato nella Guerra Cimbrica, fu sorpreso e circondato con i propri legionari dai Tigurini Elvetici, dai quali ottenne di ritirarsi a condizioni ignominiose. Tornato a Roma, preferì sottrarsi con l'esilio all'accusa di Celio.

[172] Uomo colto ed abile oratore, militò sotto Marco Antonio Oratore contro i pirati della Cilicia e morì in guerra nel 103 a.C.

[173] Marco Emilio Scauro, censore nel 109 a.c. e console nel 115 e nel 108, fu storico ed oratore dotato di scarso talento, dato che Cicerone rimarca che nessuno si prendeva la briga di leggere i suoi libri (CICERONE, *Bruto*, 29).

[37] Quam ob rem, quoniam non recognoscimus nunc leges populi Romani, sed aut repetimus ereptas aut novas scribimus, non quid hoc populo optineri possit, sed quid optimum sit tibi dicendum puto. Nam Cassiae legis culpam Scipio tuus sustinet, quo auctore lata esse dicitur; tu si tabellariam tuleris, ipse praestabis. Nec enim mihi placet nec Attico nostro quantum e vultu eius intellego.

XVII ATTICUS: Mihi vero nihil umquam populare placuit, eamque optimam rem publicam esse dico, quam hic consul constituerat, quae sit in potestate optimorum.

[38] MARCUS: Vos <qui>dem ut video legem antiquastis sine tabella. Sed ego, etsi satis dixit pro se in illis libris Scipio, tamen ita libertatem istam largior populo, ut auctoritate et valeant et utantur boni. Sic enim a me recitata lex est de suffragiis: «Optimatibus nota, plebi libera sunto». Quae lex hanc sententiam continet, ut omnes leges tollat quae postea latae sunt quae tegunt omni ratione suffragium, ne quis inspiciat tabellam, ne roget, ne appellet. Pontes etiam lex Maria fecit angustos.

[37] Per questo dunque, poiché non stiamo ora passando in rassegna le leggi del popolo romano, ma o rievochiamo quelle abolite o ne scriviamo di nuove, credo che tu dovresti dire non quello che si possa ottenere con questo popolo, ma quello che di per se è ottimo. Infatti il tuo Scipione, che si dice appunto ne sia stato il suggeritore, porta la colpa della legge Cassia; tu invece risponderai di persona, se proporrai una legge tabellaria. Essa infatti non piacerebbe né a me né, a giudicare dalla sua faccia, al nostro Attico.

XVII. ATTICO: - Ma a me non è mai piaciuta alcuna forma di istituzione democratica, e sostengo che la migliore forma di Stato è quella che costui aveva stabilito durante il suo consolato, che si basa sul potere degli ottimati.

[38] MARCO: - Anche voi, da quel che vedo, avete respinto la legge senza l'utilizzo della scheda elettorale. Ma, pur avendo parlato abbastanza Scipione in sua difesa in quei libri, nonostante tutto io concederei al popolo questa libertà, in modo che i migliori godano di autorità e di prestigio. Infatti la legge sulle votazioni è stata così enunciata da me: «Siano a conoscenza degli ottimati e liberi alla plebe». Una tale legge contiene questo concetto, in maniera tale da annullare tutte le leggi che furono proposte in seguito, le quali con ogni trucco nascondono il voto, affinchè nessuno veda sulla scheda, nessuno solleciti il voto, nessuno faccia degli appelli. La legge Maria fece stretti anche i ponti.

[39] Quae si opposita sunt ambitiosis, ut sunt fere, non reprehendo; si non valuerint tamen leges ut ne sit ambitus, habeat sane populus tabellam quasi vindicem libertatis, dummodo haec optimo cuique et gravissimo civi ostendatur ultroque offeratur, ut in eo sit ipso libertas <in> quod populo potestas honeste bonis gratificandi datur. Eoque nunc fit illud quod a te modo Quinte dictum est, ut minus multos tabella condemnet, quam solebat vox, quia populo licere satis est: hoc retento reliqua voluntas auctoritati aut gratiae traditur. Itaque, ut omittam largitione corrupta suffragia, non vides, si quando ambitus sileat, quaeri in suifragiis quid optimi viri sentiant? Quam ob rem lege nostra libertatis species datur, auctoritas bonorum retinetur, contentionis causa tollitur.

XVIII [40] Deinde sequitur, quibus ius sit cum populo agendi aut cum senatu. <Tum> gravis et ut arbitror praeclara lex: 'Quae cum populo quaeque in patribus agentur, modica sunto', id est modesta atque sedata. Actor enim moderatur et fingit non modo mentes ac voluntates, sed paene vultus eorum apud quos agit. Quod <ni>si in senatu non difficile; est enim ipse senator is cuius non ad actorem referatur animus, sed qui per se ipse spectari velit. Huic iussa tria sunt: ut adsit, nam gravitatem res habet, cum frequens ordo est; ut loco dicat, id est rogatus; ut modo, ne sit infinitus. Nam brevitas non modo senatoris sed etiam oratoris magna laus est in sententia, nec est umquam longa oratione utendum — quod fit ambitione saepissime —, nisi aut peccante senatu nullo magistratu adiuvante tolli diem utile est, aut cum tanta causa est ut opus sit oratoris copia vel ad hortandum vel ad docendum; quorum generum in utroque magnus noster Cato est.

[39] E se tutte queste norme si oppongono agli ambiziosi, come effettivamente lo sono per lo più, io non le critico; ma se le leggi avessero efficacia per eliminare i brogli elettorali, il popolo abbia pure la scheda, quasi garanzia di libertà, purché questa scheda possa essere mostrata a tutti i migliori e più seri cittadini e venga esposta spontaneamente; in tal modo con questo stesso atto si manifesti la libertà per cui si dà al popolo la facoltà di rendere onestamente un servigio ai galantuomini. Perciò ora accade quello che tu poco fa hai detto, Quinto, che la scheda ne condanna molto meno di quanti di solito ne condannasse il voto verbale, poiché il popolo è soddisfatto di averne la facoltà. Ottenuto ciò, egli affida gli altri suoi voleri al prestigio o alla riconoscenza. E così, per non parlare delle votazioni corrotte dall'elargizione di danaro, non vedi che, allorché tace l'intrigo, ci si informa durante le votazioni cosa ne pensino i miglioi cittadini? Ecco dunque che con la nostra legge si concede l'apparenza della libertà, si mantiene il prestigio dei galantuomini, si elimina una causa di contrasti.

XVIII. [40] Segue poi l'articolo relativo a chi debba avere la facoltà di trattare col popolo o col senato. Legge severa, a quel che penso, ed eccellente: «[Le proposte fatte al popolo] ed ai senatori siano misurate», cioè, equilibrate e ponderate. Il presentatore infatti governa e plasma non soltanto le menti e la volontà, ma quasi il volto stesso di coloro ai quali si rivolge. Il che non è difficile tranne che in senato, poiché il senatore è appunto tale da non lasciar trasportare il proprio animo dall'oratore, ma da voler capire tutto da se stesso. Per questo esistono tre precetti: che intervenga; infatti la discussione acquista in serietà quando l'assemblea è al completo; che parli quando è il suo turno, cioè quando è interpellato; che non sia prolisso. Infatti la concisione nell'esporre il proprio pensiero è un grande pregio non soltanto del senatore, ma anche dell'oratore. Né ci si dovrebbe mai servire di un lungo discorso, - il che accade spessissimo per gli intrighi - se non nel caso in cui per colpa del senato sia utile far perdere un giorno senza l'intervento propizio di un magistrato, oppure quando l'argomento è di tale importanza, che sia necessaria la facondia dell'oratore per esortare o per dimostrare; ed in ambedue questi generi è grande il nostro Catone.

[41] Quodque addit 'causas populi teneto, est senatori necessarium nosse rem publicam — idque late patet: quid habeat militum, quid valeat aerario, quos socios res publica habeat, quos amicos, quos stipendiarios, qua quisque sit lege, condicione, foedere —, tenere consuetudinem decernendi, nosse exempla maiorum. Videtis iam genus hoc omne scientiae, diligentiae, memoriae, sine quo paratus esse senator nullo pacto potest.

[42] Deinceps sunt cum populo actiones, in quibus primum et maximum , vis abesto'. Nihil est enim exitiosius civitatibus, nihil tam contrarium iuri ac legibus, nihil minus civile et inhumanius, quam composita et constituta re publica quicquam agi per vim. Parere iubet intercessori, quo nihil praest<abil>ius: impediri enim bonam rem melius quam concedi malae.

XIX Quod vero actoris iubeo esse fraudem, id totum dixi ex Crassi sapientissimi hominis sententia, quem est senatus secutus, cum decrevisset C. Claudio consule de Cn. Carbonis seditione referente, invito eo qui cum populo ageret seditionem non posse fieri, quippe cui liceat concilium, simul atque intercessum turbarique coeptum sit, dimittere. Quod qui <agere> perget cum agi nihil potest, vim quaerit, cuius inpunitatem amittit hac lege.

[41] E quanto poi all'aggiunta della frase «sostenete la causa del popolo», è necessario al senatore conoscere a fondo le condizioni dello Stato – e questo è più che chiaro: quanti soldati vi siano sotto le armi, quale la consistenza del tesoro, quali siano gli alleati dello Stato, quali gli amici, quali i popoli tributari, quali siano le leggi, le condizioni ed i trattati d'alleanza di ciascuno, – avere pronte le formule dei decreti, conoscere gli esempi degli antichi. Voi potete ormai scorgere in questo un genere di conoscenza, di preparazione, di memoria, senza del quale un senatore non può in nessun modo essere preparato.

[42] Inoltre vi sono i rapporti con il popolo, fra i quali la prima e più importante norma è «stia lontana la violenza». Nulla infatti è più dannoso per gli Stati, nulla tanto contrario al diritto ed alle leggi, nulla meno civile e più disumano che affrontare dei problemi con la forza in uno Stato ben ordinato e strutturato. Si impone poi di obbedire a chi si presenta come oppositore, di cui nulla vi è di più importante: è infatti meglio bloccare una iniziativa buona anziché avviarne una cattiva.

XIX. In quanto al punto dove stabilisco che «la colpa sia del presidente», tutto ciò l'ho detto in base al pensiero di Crasso, uomo di smisurata saggezza; il Senato lo approvò, e questo in occasione della relazione del console Caio Claudio[174] sulla sommossa di Gneo Carbone, dopo aver decretato che nessuna sommossa poteva mai verificarsi contro la volontà di chi aveva convocato il popolo, potendo egli sciogliere l'assemblea non appena si facesse opposizione e s'incominciasse a creare torbidi. Chi persiste nelle agitazioni, quando non si può decidere nulla, va in cerca di violenza, per la quale non può rimanere impunito in base a questa legge.

---

[174] Si tratta di Caio Claudio Pulcro Lentulo, che fu console nel 132 a.C. con Marco Perpenna.

[43] Sequitur illud 'intecessor rei malae salutaris civis esto'. Quis non studiose rei publicae subvenerit hac tam praeclara legis voce laudatus?

Sunt deinde posita deinceps quae habemus etiam in publicis institutis atque legibus: «Auspicia servanto, auguri <publico> parento». Est autem boni auguris meminisse <se> maximis rei publicae temporibus praesto esse debere, Iovique optimo maximo se consiliarium atque administrum datum, ut sibi eos quos in auspicio esse iusserit, caelique partes sibi definitas esse traditas, e quibus saepe opem rei publicae ferre possit. Deinde de promulgatione, de singulis rebus agendis, de privatis magistratibusve audiendis.

[44] Tum leges praeclarissimae de duodecim tabulis tralatae duae, quarum altera privilegia tollit, altera de capite civis rogari nisi maximo comitiatu vetat. Et nondum in<ven>tis seditiosis tribunis plebis, ne cogitatis quidem, admirandum tantum maioris in posterum providisse. In privatos homines leges ferri noluerunt, id est enim privilegium: quo quid est iniustius, cum legis haec vis sit, <ut sit> scitum et iussum in omnis? Ferri de singulis <ni>si centuriatis comitiis noluerunt. Discriptus enim populus censu ordinibus aetatibus plus adhibet ad suffragium <con>silii quam fuse in tribus convocatus.

[43] Segue il comma «chi si oppone ad una cattiva deliberazione sia considerato cittadino benemerito dello Stato». E chi non s'impegnerebbe a soccorrere lo Stato, se viene lodato dalla voce di una legge così esemplare? Seguono quindi le norme che abbiamo anche nelle nostre pubbliche istituzioni e leggi: «osservino gli auspici, obbediscano all'augure». È dovere dell'augure coscienzioso ricordarsi che deve essere d'aiuto nelle più gravi circostanze dello Stato, e che egli è stato assegnato a Giove Ottimo Massimo quale sacerdote e annunciatore dei suoi consigli, così come per lui sono quelli cui egli abbia ordinato di assisterlo negli auspici; a lui sono state assegnate porzioni definite di cielo, dalle quali spesso egli porti soccorso alla cittàdinanza. Seguono poi le norme circa la promulgazione delle leggi, del trattare un affare per volta, del dare ascolto ai privati ed ai magistrati.

[44] Ed ecco due magnifiche leggi dedotte dalle dodici tavole, delle quali la prima sopprime i privilegi, e l'altra fa divieto che si decida della vita di un cittadino al di fuori dei comizi centuriati. Ed è veramente cosa degna d'ammirazione che, quando non si erano ancora inventati i tribuni della plebe, anzi non si era ancora neppure pensato ad ciò, i nostri antenati abbiano dato saggio di tanta previdenza per il futuro. Essi non vollero che si promulgassero leggi a favore di privati cittadini; non vollero, cioè privilegi, dei quali che cosa vi è di più ingiusto, dal momento che questa è la forza della legge: l'essere un decreto ed un ordine valido per tutti. Non vollero proposte riguardanti una persona sola, se non nei comizi centuriati; infatti il popolo diviso per censo, per classi, per età, nel dare il suo voto usa maggior ponderazione di quando è convocato disordinatamente nelle tribù.

[45] Quo verius in causa nostra vir magni ingenii summaque prudentia L. Cotta dicebat, nihil omnino actum esse de nobis. Praeter enim quam quod comitia illa essent armis gesta servilibus, praeterea neque tributa capitis comitia rata esse posse neque ulla privilegii. Quocirca nihil nobis opus esse lege, de quibus nihil omnino actum esset legibus. Sed visum est et vobis et clarissimis viris melius, de quo servi et latrones scivisse <se> aliquid dicerent, de hoc eodem cunctam Italiam quid sentiret ostendere.

XX [46] Sequitur de captis pecuniis et de ambitu. <Leges> quae cum magis iudiciis quam <legum> verbis sancienda sint, adiungitur «noxiae poena par esto», ut in suo vitio quisque plectatur, vis capite, avaritia multa, honoris cupiditas ignominia sanciatur.

Extremae leges sunt nobis non usitatae, rei publicae necessariae. Legum custodiam nullam habemus, itaque eae leges sunt quas apparitores nostri volunt: a librariis petimus, publicis litteris consignatam memoriam publicam nullam habemus. Graeci hoc diligentius, apud quos *nomofulakoi* crea<ba>ntur, nec ei solum litteras — nam id quidem etiam apud maiores nostros erat —, sed etiam facta hominum observabant ad legesque revocabant.

[45] Per la qual cosa con maggior verità Lucio Cotta[175], uomo di grandissima intelligenza e saggezza, era solito dire che nulla era stato fatto contro di noi nella causa che ci riguardava; perché, oltre al fatto che quei comizi erano stati tenuti sotto la minaccia di schiavi armati, i comizi tributi non potevano essere competenti in cause penali e nessun comizio poteva deliberare circa una persona privata; pertanto noi non avevamo bisogno di alcuna legge, poiché nulla era stato condotto legalmente nei nostri riguardi. Ma da voi due e dagli uomini più illustri fu visto molto bene come tutta l'Italia dimostrò il proprio pensiero intorno a quella stessa persona contro la quale una masnada di schiavi e di briganti diceva di aver espresso una condanna.

XX. [46] Seguono gli articoli circa l'accettazione di doni in denaro e circa i brogli elettorali. E poiché le leggi devono essere rese efficaci più con i processi che con le parole, si aggiunge: «Vi sia una pena pari alla colpa», affinchè ciascuno sia colpito secondo la sua colpa, la violenza con la morte, l'avidità con un'ammenda, l'ambizione sfrenata per gli onori con l'infamia. Le ultime leggi non sono in vigore presso di noi, eppure necessarie allo Stato. Non abbiamo alcun depositario della legge; pertanto le leggi sono quali le vogliono i nostri cancellieri; le andiamo a chiedere ai copisti, non abbiamo nessun documento pubblico inserito in atti pubblici. I Greci agirono con maggiore diligenza; presso di loro si nominavano dei " custodi delle leggi ", ed essi non solo custodivano il testo autentico - il che si faceva anche presso i nostri antenati -, ma essi osservavano anche le azioni degli individui e li richiamavano all'osservanza delle leggi.

---

[175] Lucio Aurelio Cotta, pretore nel 70 a.C., si rese noto per una *Lex Aurelia Iudiciaria*, in forza della quale la giurisdizione in cause di natura penale e civile fu conferita ai senatori, ai cavalieri e ai tribuni dell'erario. Nel 66 a.C. riuscì a far deporre i consoli, avendoli accusati di broglio elettorale. Fu console nel 65 a.C., censore l'anno seguente nonché grande amico di Cicerone, anche se in seguito passò dalla parte di Cesare, con cui aveva legami famigliari.

[47] Haec detur cura censoribus, quando quidem eos in re publica semper volumus esse. Apud eosdem qui magistratu abierint edant et exponant, quid in magistratu gesserint, deque iis censores praeiudicent. Hoc in Graecia fit publice constitutis accusatoribus, qui quidem graves esse non possunt, nisi sunt voluntarii. Quocirca melius rationes referri causamque exponi censoribus, integram tamen legi accusatori iudicioque servari. Sed satis iam disputatum est de magistratibus, nisi forte quid desideratis.

ATTICUS: Quid? Si nos tacemus, locus ipse te non admonet, quid tibi sit deinde dicendum?

MARCUS: Mihine? De iudiciis arbitror Pomponi; id est enim iunctum magistratibus.

[48] ATTICUS: Quid? De iure populi Romani, quem ad modum instituisti, dicendum nihil putas?

MARCUS: Quid tandem hoc loco est quod requiras?

ATTICUS: Egone? Quod ignorari ab iis qui in re publica versantur turpissimum puto. Nam ut modo a te dictum est leges a librariis peti, sic animadverto <ple>rosque in magistratibus ignoratione iuris sui tantum sapere quantum apparitores velint. Quam ob rem si de sacrorum alienatione dicendum putasti, quom de religione leges proposueras, faciendum tibi est ut magistratibus lege constitutis de potestatum iure disputes.

[49] MARCUS: Faciam breviter si consequi potuero. Nam pluribus verbis scripsit ad patrem tuum M. Iunius sodalis, perite meo quidem iudicio et diligenter. Nos autem de iure nat<ur>ae cogitare per nos atque dicere debemus, de iure populi Romani quae relicta sunt et tradita.

ATTICUS: Sic prorsum censeo, et id ipsum quod dicis exspecto.

[47] Questo incarico dovrebbe essere affidato ai censori, dal momento che noi vogliamo che essi siano sempre presenti nel nostro Stato. Coloro i quali escono da una magistratura dichiarino ed espongano presso i medesimi ciò che essi hanno compiuto durante tutta la carica ricoperta, ed i censori ne diano un giudizio preliminare. Questo in Grecia lo si fa nominando dei pubblici accusatori, i quali non possono agire con severità se non sono volontari. Per questo è meglio che si dia conto ai censori e si espongano loro le giustificazioni, e che tuttavia resti immune da pregiudizi l'azione della legge, dell'accusatore e dell'autorità giudiziaria. Ma ormai abbiamo discusso abbastanza dei magistrati, a meno che non vogliate sapere qualcosa di più.

ATTICO: - Perché? Se noi ce ne stiamo zitti, l'argomento stesso non te lo richiama in mente. Che cos'altro dovresti dirci?

MARCO: - Io? Credo qualcosa sui processi, Pomponio; questo infatti è connesso con i magistrati.

[48] ATTICO: - Dunque, pensi di non doverci dire nulla riguardo alle leggi del popolo romano, così come avevi iniziato?

MARCO: - Intorno a questo argomento che cos'hai da domandare?

ATTICO: - Io? Ciò appunto che ritengo vergognosissimo sia ignorato dagli uomini politici. Come infatti hai detto poco fa, che noi andiamo a chiedere le leggi ai copisti, così nutro l'impressione che la maggior parte dei magistrati, per ignoranza delle norme giuridiche che li interessano, capiscono solo quel tanto che gli scrivani gli permettono. Per cui, se hai creduto opportuno parlare del passaggio delle cerimonie private, quando hai proposto le leggi sul culto, dovresti ora trovare il modo, dopo aver predisposto per legge le magistrature, di discutere della giurisdizione delle singole autorità.

[49] MARCO: - Lo farò velocemente, se mi sarà possibile: difatti l'amico Marco Giunio ne scrisse diffusamente a tuo padre, con perizia, secondo me, e con diligenza. Ma noi dobbiamo ragionare e parlare del diritto naturale in base al nostro criterio, mentre del diritto del popolo romano dovremmo esporre ciò che è rimasto valido e che ci è stato tramandato.

ATTICO: - Ritengo anch'io così, e mi attendo appunto quello che dici.

Frammenti dai libri IV-V

Lact. inst. 3, 19, 2: At illi qui de mortis bono disputant, quia nihil veri sciunt, sic argumentantur: si nihil est post mortem, non est malum mors; aufert enim sensum mali. Si autem supersunt animae, etiam bonum est, quia inmortalitas sequitur. Quam sententiam Cicero de legibus sic explicavit: gratulemurque nobis, quoniam mors aut meliorem quam qui est in vita aut certe non deteriorem adlatura est statum. Nam sine corpore animo vigente divina vita est, sensu carente nihil profecto est mali.

Macrobius satur. 6, 4, 8: Sunt qui aestimant hoc verbum umbracula Vergilio auctore conpositum, cum Varro rerum divinarum libro decimo dixerit . . . et Cicero in quinto de legibus: Visne igitur, quoniam sol paululum a meridie iam devexus videtur, nequedum satis ab his novellis arboribus omnis hic locus opacatur, descendamus ad Lirim, eaque quae restant in illis alnorum umbraculis persequamur?

FRAMMENTI[176]

1. E dovremmo congratularci con noi stessi, poiché la morte ci apporterà una condizione o migliore di quella che abbiamo in vita, o certamente almeno non peggiore; infatti divina è una vita senza corpo col pieno vigore dell'anima, e nulla certamente vi sarebbe di male laddove venisse meno la sensazione del medesimo.

2. Poiché il sole pare essersi ormai abbassato un poco dalla posizione del mezzogiorno e tutto questo posto non è più sufficientemente ombreggiato da queste piante novelle, non vorresti che scendessimo al Liri, e continuassimo ciò che resta all'ombra di quegli ontani?

---

[176] Si tramandano inoltre altri frammenti, che qui di seguito si riportano:

1. Come il mondo è connesso e si sostiene perché tutte le sue parti concordano per la comunanza di un'unica natura, così gli uomini mescolati tra di loro per natura, discordano per errore di giudizio e non capiscono di essere consanguinei e soggetti ad un'unica e medesima tutela; ma se questo principio fosse fissato bene, gli uomini vivrebbero certamente una vita da dèi.

2. Grave ed audace deliberazione prese la Grecia per aver consacrato nei ginnasi le statue dei Cupidi e degli Amori.

3. Chi potrà proteggere gli alleati, se non saprà scegliere fra le cose utili e le inutili?

106 a.C., 3 gennaio: nascita di Cicerone

90 a.C. Cicerone veste la toga virile; è presentato a Quinto Muzio Scevola l'Augure, suo primo maestro

89 a.C. Cicerone milita nell'esercito del console Pompeo Strabone

88 a.C. A Roma Cicerone ascolta declamare Fedro e Filone

87 a.C. Muore Scevola l'Augure e Cicerone diviene uditore e allievo del Pontefice Massimo Quinto Muzio Scevola

86 a.C. Cicerone traduce in latino *L'Economico* di Senofonte, i *Fenomeni* di Arato e scrive il *De inventione*

81 a.C. Pronuncia l'orazione *Pro Quinctio*

80 a.C. Verso la fine dell'anno pronuncia la *Pro Roscio Amerino*

79 a.C. Cicerone parte per studi alla volta della Grecia; difesa di Titinia contro Caio Scribonio Curione

77 a.C. Ritorno a Roma; matrimonio con Terenzia

76 a.C. Pronuncia la *Pro Roscio Comoedo*; questura di Cicerone, che entra in carica il 5 dicembre a Lilibeo (Sicilia)

74 a.C. In estate Cicerone rientra a Roma

70 a.C. Viene eletto edile; scrive la *Divinattio in Caecilium*; il 5 agosto pronuncia la prima delle *Verrine*

69 a.C. Cicerone entra in carica con la sua edilità. Indice per tre volte dei giochi. Compone la *Pro Fonteio* e la *Pro Caecina*

67 a.C. Cicerone eletto pretore; sua figlia Tullia ("Tulliola") si fidanza con Caio Calpurnio Pisone Frugi. Scrive *Pro D. Matrinio* e la *Rogatio Gabinia*

66 a.C. *Pro Cluentio*; *De Fausto Sulla*; *De imperio Cn. Pompei*. Il 28 dicembre pronuncia un'orazione contro gli oligarchi

65 a.C. *Pro C. Orchivio*; *Pro Q. Gallio*; *Pro C. Cornelio*. A luglio nasce il figlio Marco; morte del padre di Cicerone

64 a.C. *Pro Q. Mucio Orestino*; *Pro Fundanio*; *In toga candida*. A luglio Cicerone viene designato console per l'anno successivo

63 a.C. Consolato di Cicerone (con C. Antonio Ibrida); pronuncia la *Pro Rabirio*; dal 23 settebre al 5 dicembre: repressione della congiura di Catilina. Composizione delle *Catilinarie*

62 a.C. *Pro Archia* (a luglio); Cicerone compra la casa di Crasso sul Palatino; *Pro Sulla*

60 a.C. Cicerone scrive in greco una *Storia del suo consolato* e il poema latino *De consulatu suo*; a gugno difende in tribunale Quinto Metello Pio Scipione Nasica

59 a.C. Mentre è console Giulio Cesare compone: *Pro Q. Minucio Thermo*, *Pro C. Antonio Ibrida*, *Pro Flacco*

58 a.C. Una nuova legge del tribuno Clodio costringe Cicerne all'esilio; l'11 marzo lascia l'Urbe e due giorni dopo la sua casa viene saccheggiata; il 17 aprile è a Brindisi; il 29 aprile sbarca a Durazzo e il 23 maggio si stabilisce a Tessalonica, in Macedonia. Publio Sestio intercede presso Cesare, in Gallia, a favore di Cicerone

57 a.C. Lucio Cotta, in Senato, chiede il ritorno di Cicerone; il 1° maggio un senatoconsulta si esprime a favore del rientro; il 9 luglio anche Pompeo parla in suo favore; il 4 agosto viene votata un'apposita legge in merito. Il 5 agosto Cicerone sbarca a Brindisi ed il 4 settembre è a Roma. Il 29 settembre compone il *De domo sua*

56 a.C. *Pro Sestio*; *Interrogatio in Vatinium* (11 marzo); *Pro Celio* (4 aprile); Tullia si fidanza con Furio Crassipede; *Sulle province consolari* (fine giugno); *Pro Balbo* (luglio); poema autobiografico in tre canti *De temporibus meis* (fine anno)

55 a.C. *In Pisonem* (seconda metà di luglio); redazione del *De oratore*

54 a.C. *Pro Plancio*; *Pro Vatinio* (fine agosto); ad ottobre processo di Gabinio ed arringhe di Cicerone; *Pro Rabirio*; *Pro Scauro*

52 a.C. redazione del dialogo *Sulle Leggi* (*De Legibus*)

51 a.C. Cicerone governatore in Cilicia (marzo); battaglia dell'Amano: Cicerone è acclamato *imperator* dalle legioni vittoriose (13 ottobre)

50 a.C. Tullia si fidanza col cesariano Dolabella (matrimonio a luglio); il 24 novembre Cicerone sbarca a Brindisi

49 a.C. Cesare varca il Rubicone e scoppia la guerra civile; il 7 giugno Cicerone si imbarca per raggiungre Pompeo in Grecia

48 a.C. Battaglia di Farsalo (9 agosto): Cesare sbaraglia Pompeo; Cicerone torna in Italia

47 a.C. Cicerone divorzia da Terenzia

46 a.C. Cicerone scrive il *Cato*; replica di Cesare attraverso l'*Anticato*; in estate il Nostro redige l'*Orator*

45 a.C. Nasce il figlia di Tullia e Dolabella; morte di Tullia; redazione dell'*Ortensio*

44 a.C. Assassinio di Cesare (15 marzo); pronuncia in Senato le *Filippiche* I-IV contro Marc'Antonio

43 a.C. *Filippiche* V-XIV; il 7 dicembre, a seguito dell'istituzione del II Triumvirato fra Ottaviano, Antonio e Lepido, Cicerone è inserito nella lista dei proscritti e assassinato. La sua testa e le sue mani mozzate vengono barbaramente esposte sui rostri per volere di Marc'Antonio, la cui moglie Fulvia ne trapassa la lingua con uno spillone.

Bibliografia

Fonti

ACCIO, *Frammenti*, a cura di A. Resta Barrile, Zanichelli, Bologna 1969
APOLLODORO, *Biblioteca*, a cura di M. Cavalli, Mondadori, Milano 2019
ARISTOTELE, *Metafisica*, a cura di G. Reale, Bompiani, Milano 2000
CELIO ANTIPATRO *Annali* in T.J. CORNELL (a cura di), *The Fragments of the Roman Historians* (3 voll.), Oxford University Press, Oxford 2013
CICERONE, *Lettere* (10 voll.), traduzione di A. Cesari, presso A.F. Stella & Figli, Milano 1826-1831
– *Lettere ad Attico* (2 voll.), a cura di C. Di Spigno, Utet, Torino 2005[2]
– *Lettere ad Attico* (3 voll.), a cura di C. Vitali, Zanichelli, Bologna 1989
– *Lettere ai familiari* (3 voll.), a cura di C. Vitali, Zanichelli, Bologna 1968-1973
– *Lettere a Marco Bruto*; *Lettere al fratello Quinto*; *I frammenti delle lettere*; *Lettere ad Ottaviano*, a cura di L. Lenaz, Mondadori, Milano 1980
– *Il processo di Verre* (2 voll.), a cura di N. Marinone, L. Fiocchi, D. Vottero, Rizzoli, Milano 1992
– *Bruto*, a cura di E. Malcovati, Mondadori, Milano 1996
– *Le Orazioni* (5 voll.), a cura di C. Lanza, presso G.F. Paravicini Editore, Napoli 1868-1870
– *Le Catilinarie*, a cura di L. Storoni Mazzolani, Rizzoli, Milano 1997[9]
– *Orazioni cesariane*: *Pro Marcello*; *Pro Ligario*; *Pro rege Deiotaro*, a cura di F. Gasti, Rizzoli, Milano 1997
– *De provinciis consularibus*, a cura di V. Riddei, Avia Pervia, Seregno (Milano) 1992
– *In difesa di Milone*, a cura di P. Fedeli, Marsilio, Venezia 1990
– *Le Filippiche* (2 voll.), a cura di B. Mosca, Mondadori, Milano 1996
– *Orator*, a cura di R. Vignali, Avia Pervia, Milano 1995
– *I Doveri*, a cura di E. Narducci, traduzione di A. Resta Barrile, Rizzoli, Milano 1987
– *Difesa dell'attore Roscio; Contro Vatinio*, a cura di A. Burlando, Rizzoli, Milano 1995
– *Fragmenta ex libris philosophicis, ex aliis libris deperditis, ex scriptis incertis*, recognovit G. Garbarino, Mondadori, Milano 1984
– *Carmina*, in "J. BLÄNSDORF (a cura di), *Fragmenta Poetarum Latinorum Epicorum et Lyricorum Praeter Enni Annales et Ciceronis Germanicique Aratea*", Walter de Gruyter, Berlin - New York 2011
– *La Casa*, a cura di E. Narducci, Rizzoli, Milano 1988

– *De Legibus libri tres*, con note italiane di P.M. Rossi, Albrighi, Segati & C., Milano 1898

– *De provinciis consularibus*, a cura di V. Riddei, Avia Pervia, Milano 1992

– *Difesa di Cluenzio*, introduzione di E. Narducci, traduzione e note di M. Fucecchi, Rizzoli, Milano 2004

– *In difesa di Lucio Flacco*, a cura di G. Maselli, Marsilio, Venezia 2000

– *In difesa di Marco Celio*, a cura di A. Cavarzere, Marsilio, Venezia 1992

– *In difesa di Milone*, a cura di P. Fedeli, Marsilio, Venezia 1990

– *I paradossi degli Stoici*, introduzione, traduzione e note di R. Badalì, Rizzoli, Milano 2003

– *Il poeta Archia*, a cura di E. Narducci, traduzione di Giovanna Bertonati, Rizzoli, Milano 2000

– *Pro Murena, Pro Sestio*, da "Cicerone, due scandali politici, pro Murena, Pro Sestio", introduzione di G. Ferrara, traduzione di C. Giussani, note di Salvatore Rizzo, Rizzoli, 2000

– *Sulla Natura degli Dei*, a cura di U. Pizzani, Mondadori, Milano, 2003

– *La retorica a Gaio Erennio*, a cura di F. Castelli, Mondadori, Milano, 2006

– *Le Tusculane*, a cura di A. di Virginio, Mondadori, Milano 2004

– *La Vecchiezza*, premessa e note di E. Narducci, traduzione di Carlo Saggio, Rizzoli, Milano 2000

– *Orazioni* (5 voll.), a cura di C. Lanza, presso G.F. Paravicini Editore, Napoli 1868-1870

– *L'amicizia*, premessa e note di E. Narducci, traduzione di C. Saggio, Rizzoli, Milano 2000

– *Ortensio*, a cura di A. Grilli, Pàtron Editore, Bologna 2010

– *Orazione sul comando di Pompeo*, introduzione di G. Baldo, a cura di T. Ricchieri, Marsilio, Venezia 2019

– *Aratea e Prognostica*, a cura di D. Pellacani, ETS, pisa 2015

CLEMENTE ALESSANDRINO, *Stromati*, introduzione di M. Rizzi, traduzione e note di G. Pini, Edizioni Paoline, Milano 2006

DANTE ALIGHIERI, *La Divina Commedia*, commento e parafrasi di C.T. Dragone, Edizioni Paoline Alba (Cuneo), 1958[3]

DIOGENE LAERZIO, *Vite e dottrine dei più celebri filosofi*, a cura di G. Reale con la collaborazione di G. Girgenti e I. Ramelli, Bompiani, Milano 2005

DIONE CASSIO, *Istorie Romane* (5 voll.), tradotte da G. Viviani, Sonzogno, Milano 1823

– *Storia Romana* (9 voll.), a cura di G. Norcio e altri, Rizzoli, Milano 1995-2018

DIONIGI DI ALICARNASSO, *Le Antichità Romane*, a cure di F. Donadi et al., Einaudi, Torino 2010

ENNIO, *Annali* (4 voll.) introduzione, testo critico con apparati, traduzione di E. Flores, Liguori, Napoli 2003
– *Opere*, da "Poeti Latini arcaici", a cura di A. Traglia, Utet, Torino 1986
ERODOTO, *Le Storie* (4 voll.), a cura di F. Barberis, Garzanti, Milano 1989
GRONOVIANO, *De oratione pro Roscio Amerino*, su Archive.org
MACROBIO, *I Saturnali*, a cura di N. Marinone, Utet, Torino 1997[2]
OMERO, *Iliade*, a cura di M.G. Ciani, commento di E. Avezzù, Marsilio, Venezia 2016
– *Odissea*, a cura di M.G. Ciani, commento di E. Avezzù, Marsilio, Venezia 2016
ORAZIO, *Tutte le opere, Odi, Epodi, Carme Secolare, Satire, Epistole, Arte Poetica*, a cura di M. Scaffidi Abbate, traduzione di R. Ghiotto e M. Scaffidi Abbate, Newton Compton, Roma 1992
OROSIO, *Le Storie contro i pagani* (2 voll.), a cura di A. Lippold, Fondazione Lorenzo Valla/Arnoldo Mondadori, Milano 1998
OVIDIO, *I Fasti*, a cura di F. Bernini, Zanichelli, Bologna 1993
PAUSANIA, *Viaggio in Grecia* (9 voll.), a cura di S. Rizzo, Rizzoli, Milano 1991-2012
PINDARO, *Olimpiche*, introduzione di U. Albini, a cura di L. Lehnus, Garzanti, Milano 1981
PLATONE, *Tutte le Opere* (5 voll.), con un saggio di F. Adorno, a cura di E.V. Maltese, Newton Compton, Roma 1997
PLUTARCO, *Vite parallele – Demostene e Cicerone*, introduzione di J. Geiger, traduzione di B. Mugelli, note di L. Ghilli, Rizzoli, Milano 1999
SENOFONTE, *Memorabili*, con un saggio di A. Labriola, a cura di A. Santoni, Rizzoli, Milano 1989
Ciropedia
SCOLIASTE DI BOBBIO, *Scholia in Ciceronis orationes Bobiensia*, edidit P. Hildebrandt, Teubner, Leipzig 1907
TACITO, *Annali* (2 voll.), a cura di C. Questa e B. Ceva, Rizzoli, Milano 1997
TERENZIO, *Tutte le Commedie* (2 voll.), a cura di M. Scaffidi Abbate, Newton Compton, Roma 1995
TITO LIVIO, *Storia di Roma dalla sua fondazione*, (13 voll.), a cura di C. Moreschini, M. Mariotti et al., Rizzoli, Milano 19904–2003
– *Storia di Roma dalla fondazione* (6 voll.), a cura di G.D. Mazzocato, Newton Compton, Roma 1997
VIRGILIO, *Eneide*, a cura di E. Cetrangolo, Newton Compton, Roma 1988

Studi

(Ciascuna, o quasi, delle opere citate possiede una ricca bibliografia su Cicerone e la sua epoca, a cui rimandiamo il lettore desideroso di approfondire)

G. BOISSIER, *Cicerone e i suoi amici*, Rizzoli, Milano 1959

P. BUONGIORNO, *La* lex *in Cicerone al tempo delle* Philippicae *fra teoria e prassi politica*, in J.L. FERRARY (a cura di), *Leges publicae. La legge nell'esperienza giuridica romana*, IUSS Press, Pavia 2012, pp. 545-567

J. CARCOPINO, *Les secrets de la Correspondance de Cicéron* (2 voll.), L'Artisan du Livre, Paris 1957

N. CIANO, *Gli Aratea di Cicerone*, Edipuglia, Bari 2019

E. CIACERI, *Cicerone e i suoi tempi* (2 voll.), Società Anonima Editrice Dante Alighieri, Milano 1939–1941

A. EVERITT, *Cicerone: vita e passioni di un intellettuale*, Carocci, Roma 2003

C. FRUTTERO, F. LUCENTINI, *La morte di Cicerone*, Il Melangolo, Genova 1995

P. GRIMAL, *Cicerone*, Garzanti, Milano 1986

K. KUMANIECKI, *Cicerone e la crisi della repubblica romana*, Centro di Studi Ciceroniani, Editore, Roma 1972

M. MAFFII, *Cicerone e il suo dramma politico*, Mondadori, Milano 1930

A. MICHEL, *rhétorique et philosophie chez Cicéron*, Paris 1960

E. NARDUCCI, *Introduzione a Cicerone*, Laterza, Roma-Bari 1992

A.F. PAULI, *Letters of Caesar and Cicero to Each Other*, «The Classical World», 58/5, 1958, pp. 128-132

F. PULITANÒ, R. SIGNORINI, *Cicerone. L'ultimo difensore della Repubblica*, Corriere della Sera, Milano 2020

M. RAMBAUD, *Cicéron et l'Histoire romaine*, Les Belles Lettres, Paris 1952

R.E. SMITH, *Cicero the Statesman*, Cambridge University Press, Cambridge 1966

D. STOCKTON, *Cicerone: biografia politica*, Rusconi, Milano 1984